ANDERS CHYDENIUS

ANDERS CHYDENIUS (1729-1803), finnisch-schwedischer Vordenker der Aufklärung, Pionier wirtschaftlicher und politischer Freiheit.

Lange stand er im Schatten bekannterer Namen. Dieses Buch bringt die Stimme des Reformers ins Deutsche: übersetzte Originaltexte, historische Anmerkungen und ein Blick auf Chydenius' Zeit machen deutlich, wie aktuell seine Gedanken zu Meinungsfreiheit, gesundem ökonomischen Denken und praktikablen Reformen heute noch sind. Eine Einladung zur Wiederentdeckung des vergessenen Revolutionärs der Freiheit.

ANDERS CHYDENIUS
Reformer, Ökonom, Geistlicher

Ausgewählte Texte des skandinavischen Frühliberalen

herausgegeben, eingeleitet und kommentiert von
Michael von Prollius

edition g. 133

ORIGINALAUSGABE

Verlag: BoD · Books on Demand GmbH,
Überseering 33, 22297 Hamburg, bod@bod.de

Druck: Libri Plureos GmbH,
Friedensallee 273, 22763 Hamburg

© 2025 Michael von Prollius
ORCID-iD: 0009-0004-8403-2540

Titelbild unter Verwendung von
Helene Schjerfbeck
Puut ja auringonlasku, Hiidenvesi, 1942
gemeinfrei via Kansallisgalleria

ISBN 978-3-8370-7281-5

INHALT

ANDERS CHYDENIUS, ÄHM, WER?

Ein Tausendsassa. Pfarrer, Ökonom, parlamentarischer Ständevertreter, Gelehrter, Berater, Kultivator. Chydenius lebte in Finnland im 18. Jahrhundert und trat sowohl als Vertreter der Kleriker in der Ständerversammlung in Stockholm als auch mit Denkschriften für grundlegende Reformen ein. Schon mal was von ihm gehört? Nein. Kein Wunder, er war ein früher Liberaler, er setzte sich für Meinungsfreiheit ein und für unveräußerliche individuelle Freiheitsrechte. Chydenius schwamm gegen den Strom. Als Selbstdenker profitierte er von den Werken aufgeklärter skandinavischer Zeitgenossen. Seine in Texten dokumentierten Ideen, kennen wir normalerweise erst von Adam Smith. Allerdings wissen ideengeschichtliche Fachleute von vielen Zeitgenossen, die ähnliche Gedanken vor dem Finnen und vor dem Schotten publizierten.

Chydenius hat vor allem Traktate oder Manifeste publiziert, Memos würde man heute betriebswirtschaftlich sagen, keine ausgearbeiteten philosophischen Weltanschauungen, noch dazu in Buchform, vielmehr argumentative Denkschriften. Er schrieb für die politisch interessierte, gebildete Öffentlichkeit und Entscheidungsträger mehr wie ein sachkundiger Politiker oder Berater als ein Gelehrter und trat insbesondere für die ärmere Bevölkerung ein. Als Ökonom forderte er stabiles Geld und Handelsfreiheit.

Sein Vermächtnis als ein Vordenker und Vorkämpfer für Freiheit und Menschenrechte wird vor allem in Finnland seit dem nationalen Unabhängigkeitsstreben hochgehalten, teilweise auch in Schweden. In deutscher Sprache sind von dieser frühen Stimme des Liberalismus in Europa bisher kaum Texte verfügbar. Eine englische Auswahl von Texten ist als wissenschaftliche Ausgabe bei Routledge erschienen und enthält einen kenntnisreichen, einordnenden Lebenslauf sowie ebensolche Einführungen in die jeweiligen Texte.

Bei aller Zeit- und Kontextgebundenheit bleiben die Texte erstaunlich lesenswert, einsichtsreich und bildend. Viele Forderungen sind wieder aktuell. Allerdings muss man sich auf die Texte einlassen und sich zumindest ein wenig in die Zeit des 18. Jahrhunderts versetzen. Es handelt sich nicht um geistiges Fastfood im hektischen Nachrichtengeschehen, verfasst für flüchtige Aufmerksamkeit. Vielmehr sind die ursprünglich teilweise handgeschriebenen Texte das Ergebnis eines durchdachten Abwägens und Argumentierens, um die Obrigkeit im 18. Jahrhundert davon zu überzeugen, dass mehr persönliche und wirtschaftliche Freiheit nützlich ist — nicht zuletzt für die Regierung und das Reich. Wer zur Ruhe findet und sich auf die Texte einlässt, wird mit ewigen Einsichten, historischen Einblicken und einem ruhigen Gedankenfluss belohnt.

Für das interessierte deutsche Publikum habe ich Texte ausgewählt und mit technischer Unterstützung übersetzt. Alle Texte sind auf der Webseite *Anders Cydenius Selected Works* verfügbar.[1] Zur Vorlage dienten die dortigen Originaltexte sowie die englischen Übersetzungen; DeepL und ChatGPT 4o waren mir eine wertvolle Hilfe.

---

1 Siehe Link #1. Die Liste mit den Links finden Sie auf der S. 205.

Unzulänglichkeiten und Unkenntnis fallen allein auf mich zurück, da ich kein Übersetzer bin. Eine Skizze über das Leben und Wirken von Anders Chydenius sowie einordnende Bemerkungen zu den Texten runden diesen Band ab.

Neben den Anmerkungen, die den jeweiligen historischen Kontext von Aussagen betreffen, gibt es einige inhaltliche Ergänzungen, Kommentare und auch Berichtigungen, wenn Chydenius sich an der einen oder anderen Stelle irrte; ihnen habe ich das Kürzel MvP vorangestellt.

Ich danke Stefan Blankertz für die Anregung und Aufnahme in die Reihe edition g und freue mich, Anders Chydenius entdeckt zu haben.

Möge der Leser Freude bei der Lektüre empfinden und einige früh-liberal-skandinavische Einsichten in einer post-liberalen Zeit gewinnen.

Berlin, März 2025
Michael von Prollius

LEBENSLAUF – ERSTE ANNÄHERUNG

Anders Chydenius (1729-1803) war ein finnischer Pfarrer, Politiker, Ökonom und Gelehrter des frühen Liberalismus in Schweden. Er gilt als ein früher Verfechter von Freiheit, auch wirtschaftlicher Freiheit, noch vor Adam Smith.

Der Eintrag im «Svenskt biografiskt handlexikon» von 1906 über Anders Chydenius beschreibt ihn als eine bedeutende Persönlichkeit des 18. Jahrhunderts, insbesondere im Kontext von Liberalismus, wirtschaftlicher Reform und Aufklärung.

Geboren am 26. Februar 1729 in Sotkamo, damals Schweden, heute Finnland, wuchs Chydenius in einer Familie mit acht Kindern auf, die stark vom lutherischen Glauben geprägt war; er studierte Theologie und Philosophie an der Akademie zu Turku und erwarb 1754 den Magistergrad. Von 1753 bis 1770 arbeitete er als Kaplan in dem kleinen ländlichen Ort Nedervetil, heute Ortsteil von Kronoby, und anschließend bis zu seinem Tod als Hauptpastor in Kaarlela, heute ein Stadtteil von Kokkola, einer größeren Gemeinde an der finnischen Westküste.

Als Mitglied des Pfarrerstandes im Schwedischen Reichstag von 1765/66 erlangte er rasch Aufmerksamkeit. In seinen Reden und Schriften forderte er Freiheit in Gesellschaft und Wirtschaft. Erfolgreich setzte er sich für die Einführung des Gesetzes über die Pressefreiheit («Tryckfrihetsförordning») ein, das 1766 die Zensur beendete und seinerzeit zu den liberalsten Gesetzen der Welt zählte, da es öffentliche Transparenz in schwedischen Ämtern einführte.

Chydenius war ein früher Befürworter der Aufklärung und eines wirtschaftlichen Liberalismus, er veröffentlichte 1765 die Schrift «Den Nationnale Winsten» («Der nationale Gewinn»), in der er Ideen des freien Handels und der freien Gewerbe zum Wohle des Landes darlegte. Mit *industrien* sind dort betriebliche Vorformen vor der eigentlichen Industrialisierung gemeint. Diese Arbeit enthält Konzepte, die dann später von Adam Smith in «Der Wohlstand der Nationen» (1776) ausführlicher dargelegt wurden. Adam Smith kannte Anders Chydenius nahezu sicher nicht, der wiederum die Gedanken skandinavischer Gelehrter aufgriff und mitunter zuspitzte.

Seine Bemühungen trugen dazu bei, Handelsmonopole zu brechen und den Städten an der finnischen Küste Handelsrechte zu gewähren, was die wirtschaftliche Entwicklung der Region förderte.

Chydenius setzte sich auch für die Religionsfreiheit ein und trug zur Verabschiedung einer Resolution bei, die König Gustav III. (1746-1792, König von 1771-1792) als Grundlage für das Gesetz über die Religionsfreiheit für fremde Bekenntnisse im Jahr 1781 diente. Teil seiner Weltanschauung war eine Gesellschaft, die auf individueller Freiheit, sozialen Rechten und Gleichheit vor dem Gesetz — auf der Grundlage des Naturrechts — basiert. Er kritisierte die herrschende Aristokratie mit ihren Privilegien und setzte sich für die Rechte der Bürge rund dezidiert der unteren Gesellschaftsschichten ein.

Chydenius tat das auch praktisch und wirkte auf geradezu innovative weise auf dem Land. So versuchte er als Kaplan in Alaveteli in den 1760er Jahren die Erträge seines Bauernhofs zu steigern. Dazu machte er neue Flächen urbar und führte neue Pflanzen ein, er baute Tabak an und wenig später experimentierte er mit einer neuartigen Feldfrucht: der Kartoffel. Außerdem bemühte er sich um eine verbesserte medizinische Lage auf dem Land. Dazu gehörte das Impfen gegen Pocken, um die Überlebenschancen für Kinder zu erhöhen. Das machte ihn bis Stockholm bekannt.

1770 wurde Chydenius als leitender Geistlicher der Gemeinde in Kokkola eingesetzt und sollte dort für den Rest seines Lebens bleiben. Er stieg in der kirchlichen Hierarchie auf und wurde 1779 Propst, also Leiter eines Dekanats, eines kirchlichen Verwaltungsbezirks. Im selben Jahr wurde ihm der Titel eines Doktors honoris causa in Theologie verliehen. Zwei Jahre später wurde er auch zum Landdekan ernannt, was die höchste Position war, die man in der kirchlichen Hierarchie erreichen konnte, ohne Bischof zu werden.

Zum Ende des 18. Jahrhunderts wurde Anders Chydenius Mitglied der Gesellschaft der Künste und Wissenschaften in Göteborg und noch Mitglied der Königlich Finnischen Wirtschaftsgesellschaft in Turku. 1803 starb er in Kokkola, das an der finnischen Westküste zwischen Vasaa und Oulu liegt.

Nach seinem Tod geriet Chydenius weitgehend in Vergessenheit. Erst zum Ende des 19. Jahrhunderts wurde er von liberalen Historikern und Politikern wiederentdeckt und zu Beginn des 20. Jahrhunderts zu einem Nationalhelden als Teil der Nationalstaatsbildung Finnlands stilisiert. In Schweden geriet Chydenius hingegen weitgehend in Vergessenheit.

ZEITGENÖSSISCHE EINORDNUNG

Anders Chydenius war eine besondere Persönlichkeit. Ein echtes Landei und ein Kleriker, der weitaus mehr Intellekt, Gerechtigkeitsgefühl und Verantwortungs- bewusstsein besaß als erforderlich für die Ausübung seines Berufs.

Ich halte es für angemessen, Anders Chydenius im Kontext seiner Zeit zu betrachten statt ihn darüber hin- aus zu ikonisieren. Seine Schriften enthalten Formulie- rungen, die Carl G. Uhr veranlassten, ihn als finnischen Vorgänger von Adam Smith zu bezeichnen.[1] Das ist unzutreffend und wird weder dem Schotten noch dem Finnen gerecht.

Oberflächlich betrachtet lässt sich mit Eli F. Heck- scher[2] eine «verblüffende Ähnlichkeit» zwischen den Vorstellungen beider — Smith und Chydenius — über eine soziale Gesellschaft konstatieren. Das würde indes auch für eine Reihe anderer Frühliberaler gelten von

---

[1] Carl G. Uhr: *Anders Chydenius, 1729-1803, a Finnish Predecessor to Adam Smith*, in The Western Economic Journal, Vol. 2 (1964), No. 2, S. 85-116. Uhr argumentierte, Chydenius habe bereits 1765 die wesentlichen Aspekte von Smiths Theorie aufgezeigt, vor allem die Vertragsfreiheit und deren Bedeutung, die dynamische Rolle des Wettbewerbs und die Bedeutung der Arbeitsteilung. Das Streben nach individuellem Gewinn oder Vorteil habe Chydenius als Grundlage für öffentlichen Wohlstand und Glück identifiziert. Nicht eine ausgearbeitet Philo- sophie, sondern gesunder Menschenverstand und eine freiheitlich- demokratischen Einstellung habe die Grundlage gebildet. 1857, lange vor Uhr, hatte der finnische Arzt Frans Johan Rabbe, der erste Biograf von Chydenius, ihn mit dem großen Schotten verglichen.

[2] Eli F. Heckscher (1879-1952), schwedischer Wirtschaftshistoriker und politischer Ökonom, Namensgeber des «Heckscher-Ohlin-Theorems» für internationalen Handel.

denen Chydenius seine Auffassungen über Wirtschaft und Gesellschaft übernommen und dann zugespitzt hat.

Chydenius war kein Theoretiker, hatte sich selbst gebildet, alle wesentlichen Auffassungen von seinen Zeitgenossen übernommen und ging nur punktuell darüber hinaus durch seine konsequente, grundsätzliche, zuweilen als radikal, also grundsätzlich bezeichnete Art. Die Ideen lassen sich auf konkrete Herausforderungen in Finnland und Schweden zu seinen Lebzeiten beziehen. Das verwundert nicht, nahm Chydenius doch an Debatten seiner Zeit engagiert teil.

In Schweden entwickelte sich seit den 1720er Jahren eine Denkrichtung, die den Merkantilismus kritisierte. Diese utilitaristische Denkrichtung oder Schule wurde als «Reform-Merkantilismus» bezeichnet. Am Anfang stehen Persönlichkeiten und Autoren wie Christopher Polhem (1661-1751), Emanuel Swedenborg (1688-1772) und Lars Salvius (1706-1773), die bereits den Dirigismus der regierenden Fraktion der «Hüte» kritisierten — die Gegenfraktion hieß «Kappen». Gegenstand der Kritik zur Zeit von Chydenius war die Privilegierung der Manufakturen zum Nachteil der Landwirtschaft. Hierbei stachen Autoren hervor wie etwa Anders Nordencrantz (1697-1772), den Chydenius explizit als herausregenden Lehrer ansah, ferner Carl Leuhusen und Per Stenhagen sowie die finnischen Brüder Edvard Fredric und Ephraim Otto Runeberg.[1] Auch hier gilt, dass die Kritik kaum kohärent ökonomisch theoretisch fundiert

---

[1] Siehe hierzu Anders Chydenius: *Anticipating The Wealth of Nations: The Selected Works of Anders Chydenius, 1729-1803*, Routledge Studies in the History of Economics, Taylor & Francis, Kindle-Version, S. 34.

war, sondern sich durchdacht auf politische Missstände richtete. Chydenius wird den schwedischen «Reform-Merkantilisten» zugerechnet. Sein Eintreten für Freihandel, freie Marktwirtschaft, solides Geld, komparative Vorteile und seine Ablehnung von Subventionen und einer damaligen Form von Industriepolitik lassen ihn in Verbindung mit seinem Eintreten für politische Freiheiten eher als Frühliberalen erscheinen. Manches erinnert an eine ordoliberale Weltanschauung.

Nur sehr spärlich finden sich in den Schriften von Chydenius explizit Hinweise auf andere ökonomische Autoren, die er gelesen hatte. Seine Lektüre umfasste auch die namhaften Philosophen seiner Zeit, darunter Montesquieu, Voltaire, Hume und Mandeville.

Konsequent

Chydenius gilt als jemand, der die reformerischen Ideen seiner Zeit in Schweden besonders grundsätzlich und konsequent vertrat. Er ging an die Wurzeln der Probleme, d. h. er verhielt sich radikal (*radix*, die Wurzel). Chydenius kritisierte

→ wirtschaftliche Regulierung durch den Staat und schloss darin seinerzeit ungewöhnlicherweise auch die Landwirtschaft ein,

→ die merkantilistische Auffassung, nur der Staat könne ein Gleichgewicht zwischen den verschiedenen Branchen und ihren Produkten herstellen,

→ die beschränkte Rechte von Bediensteten und Arbeitern und forderte stattdessen freie Verträge zwischen Herren und Dienern, da alle Bürger frei seien,

→ die Zensur, die unwirksam und schädlich zugleich die Wissensmehrung des Landes beschränkte,

→ die Korruption, welche er als wesentlich für ein staatliches Privilegien- und Monopolsystem ansah und insbesondere die Händler in Stockholm begünstigte,
→ das Finanzsystem mit seinem inflationären Papiergeld und forderte stattdessen wertbeständiges, gedecktes Geld (Silberstandard),
→ und besonders prominent die Handelsbeschränkungen und forderte stattdessen insbesondere freie Stapelrechte für finnische Hafenstädte. Arbeitsteilung sah er nicht nur innerhalb eines Landes als positiv für den Wohlstand an, sondern über die Grenzen hinaus durch den Handel mit Ausländern.

Aufgrund seiner radikalen, d.h. konsequent grundsätzlichen Eintretens für wirtschaftliche Freiheit und gegen politisch-ökonomische Privilegien und deren Profiteure, wurde Chydenius vom Reichstag 1766 abberufen. Stein des Anstoßes war seine Forderung nach einer grundlegenden Reform des Finanzsystem, das er in einer umfangreichen Schrift darlegte («Ein Heilmittel für das Land durch ein natürliches Finanzsystem» vom 11. Juni 1766). Er konnte nach diesem Ausschluss nicht am nächsten Reichstag 1769 teilnehmen. Sein Ausschluss war ein erheblicher Dämpfer für seine politische Karriere und er nahm erst wieder 1778/79 teil und noch einmal am sehr kurzen Reichstag 1792.

Anders Chydenius entwickelt eine grobe Theorie des komparativen Vorteils im internationalen Handel, ähnlich wie sein Zeitgenosse Josiah Tucker in England und später grundlegend Adam Smith. Jedes Land solle das exportieren, wofür es am besten geeignet ist.

Den Schlüssel für Wohlstand sah er indes in Vollbeschäftigung, ohne Manufakturen exklusive Privilegien zu gewähren. Das galt auch im Vergleich mit anderen Ländern: Schweden solle seine billigen Arbeitskräfte und reichlichen Rohstoffe als «komparativen Vorteil» nutzen. So würde sich Vollbeschäftigung im Inland mit steigenden Exporten verbinden.

Obwohl zeitgemäß und wegweisend erweckt Chydenius den Eindruck, einem folgenschweren und heute noch dominierenden Irrtum zu unterliegen: Exporte sind kein nationaler Gewinn und Importe keine nationaler Verlust, wenn diese die Exporte übersteigen. Der Wohlstand wird durch den Import von Waren für die sie nutzenden Menschen erhöht. Deshalb ist ein Wohlfahrtsziel: Import. Zudem wird die Handelsbilanz *per se* durch die Kapitalbilanz (nahezu) ausgeglichen. Ein vermeintlicher Verlust durch vermeintlich zu hohe Importe steht fast automatisch ein tatsächlicher Gewinn durch Kapitalimporte gegenüber, die die Kapitalexporte übersteigen.

Geradezu erstaunlich ist indes sein Verständnis der Entstehung und Verbreitung von Wissen und der Funktionsweise von Wissenschaft. Ersteres regt zu Querverbindungen an in Richtung von Friedrich von Hayeks berühmtem Aufsatz «Use of Knowledge in Society» (1945).

Theologie und Moralphilosophie

Chydenius schreibt über «natürliche Freiheit» und dem «Recht des Einzelnen auf Glück». Grundlage dafür sei ein göttliches Naturrecht, denn «natürliche Freiheit» wurde von Gott geschaffen. Sobald ein Mensch nach Freiheit strebt, erfülle er somit Gottes Plan.

Zugleich hat Chydenius damit eine Grundlage für seine Kritik an der Masse der Wirtschaftsgesetzgebung seiner Zeit gelegt, weil sich der Mensch nicht in die natürlichen Dinge einmischen soll. Das schließt unnatürliche Privilegien für Manufakturen und Einschränkungen von Export ein. Diese radikale Auslegung der auf dem Naturrecht basierenden Moralphilosophie, die rechtlich von Hugo Grotius und Samuel von Pufendorf im 17. Jahrhundert entwickelt worden war, ist gleichsam das Markenzeichen von Chydenius. In Turku war Carl Fredrik Mennander sein Philosophielehrer, der Naturrecht und die Gleichheit der Menschen qua Geburt lehrte. Ungleichheiten resultierten aus Verträgen, die Menschen in ihrem Leben miteinander schlossen, nicht aus ein natürlichen Schichtung der Gesellschaft.

Eine andere Ursache für die Beschränkung und Kontrolle der Staatsmacht liegt für Chydenius in einer gleichermaßen negativen wie realistischen Menschensicht. Der Mensch sei von Natur aus frei, vernunftbegabt und werde von egoistischen Interessen und Leidenschaften angetrieben.

Seine theologische Prägung kommt auch zum Ausdruck, indem er harte Arbeit als Mittel zur Steigerung des Wohlstands befürwortete und Luxuskonsum als Prahlerei unheilvoll ansah.

Finnland und Schweden im 18. Jahrhundert

Finnland bestand aus mehreren Provinzen, die seit dem Mittelalter zu Schweden gehörten und legislativ, administrativ und politisch vollkommen integriert waren. Erst 1809 unter russischer Herrschaft entstand ein autonomes finnisches Großherzogtum. Im Vergleich zu dem schwedischen Hauptland verfügte Finnland über eine geringe Zahl von Städten mit Stapelrechten, ohne die keine Waren auf eigenen Schiffen direkt in ausländische Häfen exportiert werden durften.

Im Großen Nordischen Krieg um die Vorherrschaft im Ostseeraum verlor Schweden 1721 seinen Großmachtstatus, währen Russland im selben Jahr ein Kaiserreich wurde.

Schweden behielt sein mehrere Jahrhundert altes System der vier Stände bei mit Adel, Klerus, Bürgern und Bauern — letztere machten 80% der Bevölkerung aus. Gemäß der neuen Verfassung von 1719/20 sollten sie alle drei Jahre zu einer Ständeversammlung (Reichstag) zusammentreten. Ihre Entscheidungen banden die Regierung und beschränkten die gesetzgebende Macht des Königs. In der Ständeversammlung standen sich zwei Interessengruppen seit den 1730er Jahren gegenüber: die Parteien der «Hüte» und der «Mützen». Während Anhänger der «Hüte» aus dem Adel und wohlhabenden Bürgertum stammten, darunter Kaufleute in Stockholm, Eigentümer von Eisenhütten und Stahlwerken, sowie höhere Staatsbeamte, gehörten die Anhänger der «Mützen» einem niedrigeren Status an, vor allem Bauern, Kleinbürger aus Kleinstädten und Geistliche. Die Partei der «Hüte» dominierte bis in die 1750er Jahre.

Die gut 50 Jahre von 1719/20 bis zum Staatsstreich von Gustav III. im Jahr 1772 wird zuweilen als Epoche der Freiheit in der schwedischen und finnischen Geschichtsschreibung angesehen. So wurden seit den 1730er Jahren vermehrt öffentliche Debatten intensiv geführt, Ideen und Vorschläge für die wirtschaftliche Entwicklung diskutiert. Zwar mussten die Texte von einem Zensor genehmigt werden. Allerdings war Prof. Niclas von Oelreich flapsig formuliert ein Freak, der auch noch für jedes veröffentlichte Pamphlet bezahlt wurde und die Zensur folglich vielfach rudimentär hielt. Zudem wurde 1739 die Königlich Schwedische Akademie der Wissenschaften gegründet; es folgten andere Gelehrtengesellschaften in Städten wie Uppsala, Turku und Lund. Eine weitaus kritischere Einschätzung teilte Chydenius mit Gelehrten, die das Zeitalter als korrupten, egoistischen und elitären Parteienkampf um Regierungspfründe ansahen.

Wie zu dieser Zeit auch in Preußen üblich bestand ein staatliches Ziel darin, die nationale Machtposition und das Militär zu stärken durch Bevölkerungswachstum, produktivere Landwirtschaft, Außenhandel und Manufakturen. Im Merkantilismus wurde das als Nullsummenspielt betrachtet, weshalb möglichst viel exportiert und wenig importiert werden sollte. Außerdem wurden Privilegien vergeben, z. B. für die Eisen- und Stahlbetriebe bereits seit dem 17. Jahrhundert. Einen Finanzfonds für Manufakturen gab es seit 1738/39.

Ab den 1750er Jahren wurde vielstimmige Kritik gegen einzelne Privilegien und Protektionen und sogar gegen das Systems als Ganzes geäußert. Anders Chydenius war ein zeitweise besonders deutlicher Kritiker, prominent auf dem Reichstag 1765/66, von dem er deshalb frühzeitig von seiner eigenen Fraktion abberufen und anschließend lange ferngehalten wurde. Erst 1778/79 nahm er erneut am Reichstag teil.

Der Staatsstreich von Gustav III. im Jahr 1772 veränderte das politische System grundlegend und das Zeitalter der Freiheit war vorbei. Der König spielte eine deutlich aktivere Rolle bei der Regierung des Landes und die neue Verfassung reduzierte die Macht der Stände erheblich.

Chydenius war als Kritiker des vorangegangenen politischen Systems ein Befürworter des neuen, starken Monarchen. Den «aufgeklärten Absolutismus» befürwortete er als Grundlage von nationaler Einheit und innerem Frieden. Dementsprechend verteidigte Chydenius als «Gustavianer» die neue Verfassung von 1772 bis zu seinem Tod. Diese Haltung war jedoch nicht voraussetzungslos, sondern galt für einen gerechten Monarchen, der die die Rechte und Freiheiten seiner Untertanen verteidigte.[1]

---

1 Zum Lebenslauf, der Haltung von Chydenius und seiner Einordnung in das Denken seiner Zeit siehe den umfangreichen biographischen Beitrag von Lars Magnusson auf der Chydenius-Homepage. Link # 2.

WESENTLICHE STATIONEN IM LEBEN

1729 Anders Chydenius wird am 26. Februar in Sotkamo geboren.

1734 Sein Vater, Jakob (1703-1766), erhält die Position als Gemeinderektor von Kuusamo.

1745 Anders beginnt in Turku (Åbo) sein Studium an der Akademie (Universität): Mathematik, Naturwissenschaft, Latein und Philosophie.

1750/1 Chydenius wechselt an die Universität Uppsala.

1753 Er schließt sein Studium ab, wird zum Priester geweiht und zieht nach Alaveteli, um dort das Amt des Predigers zu übernehmen.

1755 Heirat mit Beata Magdalena Mellberg (1735-1819), die Tochter eines wohlhabenden Kaufmanns.

1760 Ernennung zum Kaplan in Alaveteli.

1761 Zum ersten Mal nimmt er an einem von der Königlichen Akademie der Wissenschaften (Vetenskapsakademin) ausgeschriebenen Schreibwettbewerb teil.

1763 Rede vor dem Provinzialrat zur Verteidigung der Stapelrechte.

1765/6 Für den Klerikerstand der Region Österbotten wird Chydenius in dem Reichstag nach Stockholm entsandt, um Freihandelsrechte zu erlangen. Er ist erfolgreich und die Region verzeichnet einen starken Zuwachs an Wohlstand. Aber sein Eintreten für eine strikte Kontrolle des Staatshaushalts und die Ausweitung der Pressefreieiht führt dazu, dass er schon bald als Vertreter des Klerikerstands abgelöst wird.

1770 Ernennung zum Vikar der Gemeinde von Kokkola; er konzentriert sich auf die seelsorgerische Tätigkeit.

1778/9 Erneute Entsendung in den Reichstag (Ständeversammlung). Diesmal setzt er sich insbesondere für die Rechte der in der Ständeversammlung nicht vertretenen Bediensteten ein sowie (mit Unterstützung des Königs) für eine Ausweitung der Religionsfreiheit.

1779 Er erhält die Titel Dekan und Doktor honoris causa in Theologie. Er wird Mitglied der Gesellschaft der Künste und Wissenschaften in Göteborg.

1781 wird ihm der Titel eines Landdekans verliehen.

1792 Zum dritten Mal Entsendung in den Reichstag (erneut für Österbotten), der diesmal in Gävle statt in Stockholm stattfindet; damit will der König die Macht des Stockholmer Adels endgültig brechen. Chydenius kann allerdings an den Beratungen nicht teilnehmen, denn er erscheint verspätet. Im März wird der König Gustav III. (1746-1792) aufgrund eines Komplotts von Adeligen ermordet.

1797 Chydenius wird Mitglied der Königlich Finnischen Wirtschaftsgesellschaft in Turku.

1803 Anders Chydenius stirbt am 1. Februar in Kokkola.

DIE QUELLE DER SCHWÄCHE UNSERES LANDES
1765

Zusammenfassung

In dieser wirtschaftspolitischen Abhandlung analysiert Chydenius die wirtschaftlichen Missstände Schwedens und macht staatliche Handelsbeschränkungen, Monopole und Privilegien für die wirtschaftliche Schwäche des Landes verantwortlich.

Er kritisiert, dass viele Nationen den äußeren Feind für ihre Probleme verantwortlich machen, während die eigentliche Gefahr in der wirtschaftlichen Ungleichheit und der Machtkonzentration im Inneren liegt. Als Beispiel führt er das alte Rom an, wo eine ungleiche Landverteilung und wirtschaftliche Macht in wenigen Händen zur Zerstörung der Republik führten.

Schweden habe denselben Fehler gemacht, indem es durch Handelsverordnungen und Privilegien eine kleine Elite begünstigte, während das übrige Volk verarmte.

Besonders kritisiert er die Warenverordnung von 1724 und 1726, die es ausländischen Händlern verbot, Waren zu importieren, die nicht aus ihren eigenen Ländern stammten. Dies führte dazu, dass schwedische Händler ein Monopol erhielten, was zu hohen Preisen und ineffizientem Handel führte.

Chydenius lobt das Beispiel Chinas und Hollands, wo freier Handel und Gewerbefreiheit zu Wohlstand und wirtschaftlicher Stabilität führten. Er stellt Schweden als Gegenbeispiel dar, das durch Regulierungen und staatliche Eingriffe in den Handel seine wirtschaftliche Entwicklung behindert. Er zeigt die drastischen Folgen einer gut gemeinten staatlichen Intervention auf, die sich durch Wirtschaft und Gesellschaft frisst.

Einordnung

Dieser Text ist ein klassisches Plädoyer für wirtschaftliche Freiheit im Allgemeinen und Freihandel im Besonderen. Chydenius argumentiert, dass staatliche Eingriffe, Handelsmonopole und Restriktionen die Hauptursache für wirtschaftliche Schwäche sind — eine Sichtweise, die später auch von Adam Smith vertreten wurde und seitdem breit und tief begründet zur wirtschaftspolitischen Essenz aufgeklärter Menschen gehört.

Er formuliert eine radikale, die Ursachen adressierende Kritik staatlicher Bevormundung, die ihrer Zeit weit voraus war. Seine Forderungen für Freihandel, Gewerbefreiheit und der Abschaffung von Privilegien stehen im Geiste der Aufklärung und können als eine frühe Form liberaler Wirtschaftspolitik bewertet werden.

Fazit

Chydenius zeigt in dieser Schrift die verhängnisvollen Auswirkungen staatlicher Regulierung und Handelsbeschränkungen auf. Er fordert stattdessen eine liberale Wirtschaftsordnung, die auf Wettbewerb und Marktfreiheit basiert. Damit ist sein Werk ein bedeutender praktischer Beitrag zur klassischen Wirtschaftstheorie und zur Debatte über Handelsfreiheit im 18. Jahrhundert.

Der Text ist streckenweise anspruchsvoll zu lesen aufgrund historischer Details und verschachtelter Abschnitte, lohnt indes die Lektüre. Die nachfolgenden Texte sind überwiegend leichter lesbar.

DIE QUELLE DER SCHWÄCHE UNSERES LANDES

Stockholm, gedruckt von Direktor Lars Salvius, 1765.[1]
Imprimatur Niclas von Oelreich.[2]

Der Mensch ist von Natur aus so beschaffen, dass er auf die Hilfe anderer angewiesen ist und sich daher in größeren oder kleineren Gesellschaften zusammenschließen muss, doch sobald dies geschieht, wird die Gesellschaft sofort von äußeren und inneren Feinden bedrängt. Die Geschichte zeigt auch, dass nicht annähernd so viele Gesellschaften durch äußere Feinde gestürzt wurden wie durch innere, die sich im Gewand von Mitbürgern versteckt haben. Es ist jedoch eine merkwürdige Tatsache, dass die meisten Staaten ein wachsames Auge auf diejenigen haben, die sich außerhalb der Gesellschaft befinden, aber oft diejenigen, die sich innerhalb der Gesellschaft befinden, gut bewaffnet lassen, da man wissen sollte, dass die Menschen überall gleich sind und immer leichter in der Lage sind, unter dem Deckmantel des Patriotismus Schaden anzurichten als in der Gestalt eines Feindes und unter dem

---

1 Lars Salvius (1706-1773) war einer der bedeutendsten Verleger und Drucker Schwedens im 18. Jahrhundert. Er spielte eine wichtige Rolle in der Verbreitung von Wissen und Ideen der Aufklärung, vor allem zahlreiche Werke zu Naturwissenschaft, Technik, Ökonomie, Landwirtschaft, Philosophie.

2 Niclas von Oelreich (1699-1770) war ein schwedischer Gelehrter, Hochschullehrer und Staatsbeamter, der im 18. Jahrhundert eine bedeutende Rolle im schwedischen Bildungs- und Verwaltungswesen spielte: Von 1746 bis 1766 war er als «Censor librorum» verantwortlich für die Vorzensur von Veröffentlichungen, die er zugunst der Fraktion der Hüte (d. h. der Liberalen) beeinflusste.

Deckmantel einer falschen Treue als in offener Feind-
schaft.

Freie Nationen haben dies in der Tat irgendwann erkannt, wenn auch selten mit der gebotenen Aufmerksamkeit, bis sie den Pfeil in ihrer Brust spürten und
schwach wurden, ihr Herz tödlich verwundet und die
Freiheit am Rande der Zerstörung.

Es war beklagenswert zu sehen, wie die plebejischen
Tribunen[1] in Rom blutig erschlagen wurden,[2] wie ehren-
hafte Männer von Raufbolden umzingelt wurden und
wie das Messer in der Brust der Tochter[3] einziges Mittel
eines Vaters war, deren Unschuld zu schützen. Aber es
war zu spät, um die Zügellosigkeit einzudämmen, die
zunächst unkontrolliert geblieben war. Die missbräuch-
liche Anwendung der Gesetze über die Neuverteilung
von Grund und Boden führte dazu, dass bestimmte Personen über einen so großen Besitz verfügten, dass sie

---

1 Im Jahr 494 v. Chr. erhielten die Plebejer in der Römischen Republik
 das Recht, ihre eigenen Beamten zu wählen, die sog. «plebejischen
 Tribunen» *(tribuni plebis)*. Ursprünglich gab es zwei dieser Beamten,
 später aber wurde ihre Zahl auf zehn erhöht.

2 Dies bezieht sich auf das Schicksal der Brüder Tiberius und Gaius
 Gracchus, die zeitlich versetzt als plebejische Tribunen dienten. Sowohl Tiberius (133 v. Chr. in das Amt gewählt) als auch Gaius (zehn
 Jahre später, 123 v. Chr., gewählt) setzten sich für eine Landreform ein,
 die auch eine Umverteilung des Grundbesitzes vorsah. Die Reformen
 führten zu sozialen Konflikten, da viele Wohlhabende befürchteten,
 dass ihr Land beschlagnahmt werden würde. Die Brüder Gracchus
 fanden einen gewaltsamen Tod, sie wurden zusammen mit ihren An-
 hängern erschlagen.

3 Hier spielt Chydenius auf den frührömischen Verginia-Mythos an, der
 bei Livius, *Ab urbe condita* 3,44ff, erzählt wird. Verginia wird von einem
 der Mächtigen Roms, die Rom in eine Monarchie zurückverwandeln
 wollen, begehrt und bedrängt; im Showdown ersticht der Vater seine
 Tochter, um sie vor den Übergriffen zu schützen. Der folgende Auf-
 stand stellt die Republik wieder her. Chydenius nahm auch anderswo
 auf diesen Mythos Bezug, siehe Link # 3.

mit einem Schlag die gesamte Freiheit aufs Spiel setzen konnten, die dann unweigerlich verloren war. Danach spielte es kaum noch eine Rolle, wem diese Ereignisse zugeschrieben wurden.

So war es für die Römer kein Geheimnis mehr, dass umfangreiches Eigentum in privater Hand eine Gefahr für die Freiheit darstellte, aber niemand konnte mehr einen Schlag gegen den Eigennutz führen, wenn er nicht zwei Gegenschläge erhalten wollte.

Jeder freie Staat, der diesem inneren Feind keine sorgfältige und fleißige Aufmerksamkeit schenkt, wird auch ohne Krieg, Pestilenz und jahrelange Missernten so sicher zusammenbrechen, wie eine Uhr, die stehen bleiben muss, wenn die Triebfeder gebrochen ist, auch wenn man das Pendel noch so oft in Bewegung setzt. Daraus kann man ersehen, wie der größte nationale Gewinn in Handel und Gewerbe, wenn er sich in wenigen Händen konzentriert, dem Lande weit schädlicher sein kann, als wenn es durch einen Krieg eine ganze Provinz verliert. So wünschenswert es für eine Nation ist, ihre Freiheit zu bewahren, so muss sie auch dem Reichtum, der sich an bestimmten Orten ansammelt, die gleiche Aufmerksamkeit widmen. Die Allgemeinheit hat zwar kein Recht auf das rechtmäßig erworbene Eigentum von Privatpersonen, trägt aber andererseits auch zum Verderben des Landes bei, wenn sie nicht umgehend jene Dämme öffnet, die den Reichtum an einigen Orten angesammelt und den Rest verarmt haben.

Je näher eine Nation der Natur geblieben ist, desto reicher und bevölkerungsreicher wurde sie, desto gleichmäßiger ist ihr Reichtum verteilt und desto glücklicher ist ihre Regierung. Je mehr sich jemand in den Handel und die Industrie eingemischt hat, desto schlimmer und erbärmlicher ist der Zustand.

China, das wohlhabendste Land der Welt, liefert den unumstößlichen Beweis hierfür.[1] Dort haben die Städte keine Privilegien, und es gibt keinen Unterschied zwi-

---

1 Wie die viele seiner Zeitgenossen war Chydenius von China fasziniert und glaubte, dass die chinesische Zivilisation weitaus höher stehe als diejenige, die zu dieser Zeit in Europa herrschte. Eine Quelle der Inspiration für diese idealisierende Sichtweise stellte die *Description de la Chine* (1735) von Jean Baptiste Du Halde dar. Du Halde (1674-1734) war ein jesuitischer Historiker und Professor am Collège de Paris. Obwohl er Paris mutmaßlich nie verlassen hat — zumindest laut Voltaires *Le Siècle de Louis XIV* (1754) — trug Du Halde in seinem vierbändigen Werk Informationen zusammen, die jesuitische Missionare in China seit der Mitte des siebzehnten Jahrhunderts gesammelt hatten. Die Aufklärer waren von China beeindruckt, und Vergleiche mit großen außereuropäischen Zivilisationen, insbesondere mit den asiatischen Reichen, kamen nach der Veröffentlichung von Montesquieus *Der Geist der Gesetze* im Jahr 1748 noch mehr in Mode. Zahlreiche Schriftsteller des 18. Jahrhunderts sahen die Verhältnisse in China mit der rosaroten Brille. Dies hatte bereits im 17. Jahrhundert mit Leibnitz begonnen, und Voltaire betrachtete China als das Land der Toleranz und der Vernunft. Noch 1776 rühmte Adam Smith China als das vielleicht bestentwickelte und wohlhabendste Land der Erde. Sicherlich wurde diese starke und bevölkerungsreiche Nation von einem allmächtigen Kaiser regiert, aber es hieß, dass er nach Recht und Verfassung vorgehe und dem einfachen Volk eine Vielzahl von Freiheiten gewähre. Auch Chydenius' intellektuelle Vaterfigur Anders Nordencrantz bezog sich auf China als ein Beispiel, dem man folgen solle. In seinem Werk *Oförgripelige tankar, om frihet i bruk af förnuft, pennor och tryck* (1756) («Unverbrüchliche Gedanken über die Freiheit im Gebrauch der Vernunft, der Feder und des Drucks»; siehe den Beitrag zu *Anders Chydenius' Leben und Werk — der Reichstag von 1765/66*, Link # 4) zitierte er ausdrücklich Du Halde, um zu zeigen, wie sehr die Rede- und Druckfreiheit in China geschätzt werden würde, sogar noch mehr sogar als in England. Chydenius veröffentlichte tatsächlich einen Text, der auf Informationen von Du Halde basierte, *Berättelse om chinesiska skrif-friheten* (1766) («Bericht über die chinesische Schreibfreiheit»); dabei handelt es sich um eine von Chydenius angefertigte Übersetzung aus dem Dänischen eines Teils des Aufsatzes, der 1759 in Frederik Lütkens *Oeconomiske Tanker til høiere Efter-Tanke* erschienen war.

schen städtischer und ländlicher Industrie, so dass das ganze Land wie eine Stadt ist und alle Städte wie die schönste Landschaft sind. Es gibt dort keine Mautstellen und keine Zollhäuser, so dass Krone und Untertanen gleichermaßen über genügend Reichtum verfügen. Es gibt keinen Unterschied zwischen Nicht-Stapelstädten[1] und Stapelstädten, so dass die Geschäfte reibungslos und zügig laufen; dort sind die Handwerke frei und die Arbeiter daher unerschöpflich fleißig, und Alleskönner gehen freiwillig ins Exil, ohne gesetzlich dazu verpflichtet zu sein. Es gibt keine Warenverordnung und kein Verbot gegen Schiffe, die nicht ihre eigenen Waren transportieren, sondern sie sind begierig darauf, dass sich jemand die Mühe macht, ihre Produkte zu vertreiben, und deshalb beherrschen sie den Handel, und die Preise für ihre eigenen Waren steigen umso mehr. Es gibt dort keine Münzen, sondern alles wird Ware gegen Ware getauscht; Metalle werden nach ihrer Wertigkeit gewogen, so dass es keinen Geldstandard und kein Finanzsystem gibt, über das sich viele Europäer den Kopf zerbrochen haben, obwohl sie Gold und Silber im Überfluss haben. Man stelle sich vor, Schweden hätte in den letzten 400 Jahren eine solche Freiheit genießen dürfen; es wäre dann, wenn nicht ein China, so doch wenigstens ein Niederland, eine Schweiz, ein England oder dergleichen. Wo wären dann all die Streitigkeiten um städtische Privilegien und ländlichen Handel? Wo wären dann die vielen Zollvorschriften und lästigen Mautstellen, oder

---

[1] Stapelstädte besaßen ein exklusives Recht, bestimmte Waren zu importieren oder zu exportieren. Dieses Privileg war oft mit dem Ziel verbunden, den Handel über zentrale Handelsplätze zu steuern und Zolleinnahmen zu sichern.

die teuren Angelegenheiten der Stapelstädte, Zunftordnungen, Warenverordnungen und Retorsionsgesetze, Währungsvorschriften, Finanzen, Wechselkurse und hundert andere Dinge? Wo wären dann all die Prozesse, die sie ausgelöst haben? Wo all die Ankläger, die sie angestrengt haben, all die Anwälte, die sie verfolgt haben, all die Richter, welche ihnen vorgesessen haben, und schließlich all die Gehälter, die Lebensmittel und das Papier, das all diese Prozesse verschlungen haben, all das, was die Wirtschaft belastet?

Holland ist neben China der Staat, der seinen Handel und sein Handwerk am meisten befreit hat, und danach England, und gerade deshalb sind sie die stabilsten Gesellschaften in Europa. Dennoch haben sie die Natur bei weitem nicht so unverändert gelassen wie die Chinesen, und ich glaube daher, dass letztere Recht haben, wenn sie sagen, dass die anderen Nationen blind sind, wobei die Holländer und Engländer nur mit einem Auge sehen, sie selbst aber mit zwei, denn die Sache spricht für sich selbst.

Im Gegensatz dazu hat Schweden geglaubt, dass Finanz- und Geschäftsgeheimnisse, exklusive Privilegien, Prämien, Zwänge und eine Vielzahl von Verboten uns Wohlstand bringen würden. Mit all dem haben wir uns nun lange herumgeschlagen und sind schließlich an dem Punkt angelangt, dass wir ohne Pest und Krieg unterbevölkert, ohne Handelsfreiheiten zu Auftraggebern von Ausländern, ohne Missernten zu Hungernden und mit den größten Bergwerken zu Münzarmen geworden sind.

Ich bitte um die Erlaubnis, dem Leser mit aufrichtiger Überzeugung einen wesentlichen Grund für unser Unglück zu nennen.

Am 10. November 1724 wurde ein Verbot für Ausländer ausgesprochen, etwas anderes als die Produkte ihres eigenen Landes einzuführen. Am 28. Februar 1726 wurde erklärt, dass weder ausländische Schiffe Fracht zwischen schwedischen Städten transportieren durften, noch schwedische Untertanen, die Handel trieben, etwas anderes als die Produkte des Landes, aus dem es kam, auf ein ausländisches Schiff einführen durften, da sonst sowohl das Schiff als auch die Waren konfisziert wurden.

Die Art und Weise, wie diese Warenverordnung zustande kam, und das Ausmaß, in dem sie auf legale Weise zustande kam, sollte keinem Schweden verborgen bleiben. Während des Reichstages von 1723 legten die königlichen Kammern der Kanzlei, des Bergbaus und des Handels am 10. April desselben Jahres den hochwürdigsten Ständen einen Bericht vor, in dem sie die Verabschiedung der Warenverordnung durch die Stände empfahlen. Die Angelegenheit wurde vom Gemeinsamen Handelsausschuss erörtert und insbesondere von den Mitgliedern der Stände der Bürger[1] gründlich geprüft und den anderen Ständen in Form eines Gutachtens vom 10. Mai mitgeteilt, in dem den Reichsständen die Unmöglichkeit der Durchführung dieses Vorschlags mit unwiderlegbaren Gründen dargelegt wurde, zusammen mit den unglücklichen Folgen, die sich aus einem

---

[1] «Borgare-Stånder»: war eine Vertretung des Bügertums, insbesondere mit handelsrechtlichen Fragen beschäftigt.

solchen Gesetz unweigerlich ergeben würden. Daraufhin teilten die Reichsstände Seiner Königlichen Majestät in einer Mitteilung vom 27. Juli mit, dass «da das Königreich noch nicht mit so vielen Schiffen und Booten ausgestattet ist, wie für den vollen Betrieb des Handels erforderlich sind, die Reichsstände es daher für nicht ratsam halten, ein solches Verbot (nämlich gegen die Einfuhr fremder Waren auf den Schiffen anderer Nationen) zum jetzigen Zeitpunkt einzuführen, sondern dafür auf die Fähigkeit und den Unternehmungsgeist der Untertanen selbst vertrauen würden». Am 31. desselben Monats übermittelte Seine Königliche Majestät dies der Handelskammer mit der ausdrücklichen Ermahnung, «im voraus dafür zu sorgen, dass, um weitere Verantwortlichkeiten zu vermeiden, eher ein Überschuß als ein Mangel an den erforderlichen schwedischen Schiffen bestehe, damit kein Mangel an Waren entstehe, wenn die Handelskammer Seiner Königlichen Majestät über die Anzahl und den Tiefgang der schwedischen Schiffe übereilt Bericht erstatten sollte».

Seien Sie aufmerksam, lieber Leser, und Sie werden nun den Schlüssel zur Verkündung der Warenverordnung erhalten. Es waren natürlich die königlichen Kammern, die die Stände in dieser Angelegenheit drängten; aber die Stände der Bürger protestierten dagegen (abgesehen von den Mitgliedern aus Stockholm, die, wohlgemerkt, mit den Kammern übereinstimmten), und da sie nicht in der Lage waren, den Handel sofort in dieses Netzwerk zu verstricken, wurde die Angelegenheit der Entscheidung Seiner Königlichen Majestät vorgelegt, welche die Natur des Spiels zu erkennen schien, als sie der Handelskammer unter der Androhung, zur Rechenschaft gezogen zu werden, verbot, übereilt zu handeln. Was war geschehen? Die besagte Handelskammer legte trotz alledem im folgenden Jahr seinen Bericht vor, in dem es beteuerte, dass die Anzahl unserer Schiffe ausreichend sei, obwohl die Stände sie ein Jahr zuvor als unzureichend angesehen hatten, um ein Drittel unserer Waren auszuführen und das zu importieren, was wir benötigten, woraufhin die Verordnung ohne weitere Verzögerung verkündet wurde.

Hatten die Stände der Bürger nicht richtig erkannt, was ihr Zweck ist? Machen Sie sich die Mühe, den gesamten Bericht zu lesen, der unten angefügt ist,[1] denn er ist der Mühe wert. Aber wer konnte schon etwas befürchten, wenn die Angelegenheit mit einer solchen Warnung in so eminente und tadellose Hände gelegt wurde? Die Abgeordneten der Städte waren sich zwar bewusst, dass sie den Handel auf einige wenige Personen beschränken und zu Spekulationen insbesondere mit den Salz- und Getreidepreisen führen würde, aber es nützte nichts: *vana sine viribus ira*.[2] Die Sache wurde stark ausgeschmückt. Es hieß: Wir sollten das Salz direkt von den Produzenten beziehen und unsere Reedereien und Werften stärken.

Die Folgen waren ebenso gesetzeskonform wie bedauerlich für unser nationales Interesse, denn

1. wurden die Niederländer und Engländer unmittelbar vom Seehandel mit Schweden ausgeschlossen, sofern

---

1 MvP: Dieser Bericht stammt nicht von Chydenius selber. Er ist von ausschließlich historischem Interesse. Link #13.
2 «Zorn ohne Stärke ist vergeblich»: Ein Sinnspruch, der zurückgeht auf Livius, *Ab urbe condita* 1,6.

sie nicht bereit waren, Sand und Steine als Ballast zu verwenden. Die Folge davon war, dass

2. die Niederländer und Engländer gezwungen waren, ihre Waren teurer zu verkaufen, um ihre Fracht durch die Verteuerung zu decken, da sie sie durch die beförderte Masse nicht mehr zurückgewinnen konnten; denn das Salz, das früher als Ballast verwendet wurde, gehörte nicht mehr zu ihren Ladungen; infolgedessen

3. schlossen die Niederländer 1725 mit dem Retorsionsgesetz[1] alle schwedischen Schiffe von dem lukrativen Transportgeschäft in ihre Kolonien aus, wozu andere Seemächte mit Verweis auf die schwedische Warenverordnung ebenfalls berechtigt gewesen wären.

4. Dadurch wurden die Ausländer daran gehindert, unsere Häfen in der gleichen Anzahl wie zuvor anzulaufen, da sie neben den Produkten ihres eigenen Landes keine Auswahl von in Schweden nachgefragter Waren mitbringen durften. Auf dem Reichstag von 1723 stellten die

---

1 Das Retorsionsgesetz (oder Retorsionsakte) von 1725 der Niederländer war eine direkte Reaktion auf die schwedische Warenverordnung von 1724/1726, die den Handel mit ausländischen Schiffen in Schweden erheblich einschränkte, vor allem durch Ausschluss schwedischer Schiffe vom lukrativen niederländischen Kolonialhandel, durch Handelsrestriktionen für schwedische Kaufleute — besonders der Eisen- und Kupferhandel, zwei der wichtigsten Exportgüter Schwedens, wurde stark beeinträchtigt. Infolgedessen verloren schwedische Reeder und Kaufleute wichtige Transportmöglichkeiten und Einnahmequellen. Die Preise für Importwaren, insbesondere Salz und Getreide, stiegen erheblich, da die Transportkosten stark anstiegen. Letztlich stagnierte die schwedische Wirtschaft und viele Handelsstädte litten unter der fehlenden Konkurrenz, weil nur eine kleine Elite schwedischer Kaufleuten davon profitierte.

Stände fest, dass die Zahl der schwedischen Schiffe für ein solches System nicht ausreichte, wie aus dem Schreiben Seiner Königlichen Majestät an die Handelskammer vom 31. Juli desselben Jahres und dem königlichen Schreiben vom 17. August 1725 hervorgeht. Dieser unerwartete Politikwechsel versetzte unserem Handel aufgrund unseres kalten Klimas und der Schwierigkeiten unseres Exporthandels einen empfindlichen Schlag. Da unser Winter sechs oder sieben Monate dauert, sind wir nicht in der Lage, im Sommer mehr als eine Reise nach Holland mit unseren eigenen Schiffen zu machen, die dann durch diese eine Fahrt die Besatzung für ein ganzes Jahr ernähren müssen; aber die Holländer können ihre Schiffe während der übrigen Zeit in anderen Gewässern einsetzen und fast ununterbrochen ein Einkommen erzielen und daher zu niedrigeren Frachtkosten hierher fahren, als wir selbst es können. Die verringerte Zahl der Exporteure und die Nachteile des Klimas selbst erhöhten daher natürlich die Frachtkosten, die teure Fracht machte die Waren teurer, die Teuerung der Waren verringerte den Absatz, und der verringerte Absatz verringerte die Produktion selbst, oder, mit anderen Worten, unsere Produkte gingen zurück und die Importpreise stiegen.

5. Die provinzielleren Stapelstädte, denen es an Rohstoffen fehlte, die sie nach Spanien und Portugal hätten exportieren können, mussten nun ihr gesamtes Salz bei den wenigen Exporteuren anfordern, die in einigen größeren Städten zu finden sind. Sie mussten es zu einem Tarif bezahlen, bei dem das Salz seine Fracht selbst decken konnte, also ziemlich teuer, während sie es früher von den Holländern für die Hälfte oder ein Viertel der Fracht und damit zu einem günstigeren Preis erhalten hatten.

6. Als sowohl die Exporte als auch die Importe auf diese Weise in wenigen Händen konzentriert waren, begann nicht nur die natürliche Verknappung unsere Nation zu plagen, sondern auch die offensichtlichen Monopole, die damit verbunden waren. Salz war unser unentbehrlichstes ausländisches Gut; aber der Preis dafür stieg so sehr, dass man in der Folgezeit auf jedem Reichstag klägliche Beschwerden über seine Knappheit und seinen Mangel hörte, denen weder der König noch die Stände abzuhelfen vermochten. Ein konkreter Beweis dafür ist die Petition der Landbevölkerung des finnischen Archipels während des Reichtags von 1731, dass es Ausländern erlaubt sein sollte, mit einem Ballast von Salz anzureisen, wenn sie finnische Waren abholen wollten, was durch die königliche Resolution über die allgemeinen Beschwerden der Landbevölkerung vom 28. Juni, § 45, abgelehnt wurde. Während des folgenden Reichstags im Jahre 1734 nahm der Mangel zu, und das Volk erhob eine bittere Klage, die Seine Königliche Majestät in § 51 der Königlichen Entschließung über die allgemeinen Beschwerden der Landbevölkerung vom 17. Dezember desselben Jahres auf das eifrigste zu beheben versprach, teils durch reichliche Zufuhr, teils auch durch andere geeignete Maßnahmen, obwohl dies in der Tat ganz unmöglich war, da § 56 der Königlichen Entschließung über die allgemeinen Beschwerden der Städte vom 12. Dezember ihre Einfuhr zurückgewiesen hatte. Auf dem Reichstag von 1739 wurde dieselbe Beschwerde von den schwedischen Städten vorgebracht, wie aus der Königlichen Entschließung über die allgemeinen Beschwerden der Städte vom 12. April hervorgeht.

Während des Reichstags von 1741 sah sich die gesamte Landbevölkerung gezwungen, sich zu beschweren, und Seine Majestät betrachtete die Angelegenheit durch sein Schreiben vom 1. Oktober an den Gouverneur von Stockholm und die Gouverneure der Grafschaften in Bezug auf die Vorlage von Inventaren über das erhaltene Salz und andere Angelegenheiten als gelöst, so dass die Königliche Entschließung über die allgemeinen Beschwerden der Landbevölkerung vom 1. September, § 14, erklärt, dass Salz von nun an sowohl in ausreichender Menge als auch zu einem angemessenen Preis verfügbar sein würde. In diesem Zusammenhang ist auch zu erwähnen, dass Seine Königliche Majestät in dem oben erwähnten Schreiben vom 1. Oktober zwar versprochen hatte, dass, sollte die Angelegenheit dadurch nicht gelöst werden, in Bezug auf den Salzhandel die gleichen Maßnahmen ergriffen würden, die zuvor auf den Getreidehandel angewandt worden waren, nämlich ihn von den Bestimmungen der Warenverordnung auszuschließen, dass dieser Schritt aber trotz der ständigen Zunahme der Teuerung und der Beschwerden verhindert wurde, zweifellos durch den Druck der Monopolisten. Am 29. Mai 1742 wurde angeordnet, ein Achtel aller Salzladungen in Zolllagern zu hinterlegen. Trotzdem stieg der Preis der Ware, da er von einigen wenigen kontrolliert wurde, und die Not wurde so groß, dass Seine Königliche Majestät in den §§ 55 und 56 seiner Resolution zu den allgemeinen Beschwerden der Landbevölkerung vom 10. September

1743, zugeben musste, dass die Landbevölkerung in eine Notlage geraten war (und ihr daher ohne irgendeinen Verstoß gegen die Warenverordnung nicht geholfen werden konnte) und dass die Teuerung in der Folgezeit unnatürlich zugenommen hatte, was als ein umso unwiderlegbarerer Beweis für die schädlichen Monopole angesehen werden muss, die im Salzhandel herrschten, als der Wechselkurs hatte den Wert unserer Daler bis dahin noch nicht merklich gesenkt und somit die scheinbare und die reale Teuerung miteinander verschmolzen. Seitdem haben der König und die Stände auf jedem Landtag Maßnahmen zur Förderung des Handels ergriffen, unter anderem durch die Einrichtung eines Salzamtes und eines festen Salzpreises, aber mit so geringer Wirkung, dass der hochwürdigste Adelsstand auf dem letzten Reichstag in seinem Sitzungsauszug vom 24. April 1762, seine tiefe Bestürzung den anderen Ständen mitteilte, «dass die entfernteren Gegenden nicht einmal für Banknoten, ja kaum für Bargeld, ein paar Mark Salz bekommen konnten, und dass der Mangel gerade zu der Zeit zugenommen hat, wo die Stände seit langem bestrebt sind, ihn abzuwenden, und die Daheimgebliebenen sehnlichst ein energisches Vorgehen der Reichsstände in dieser Sache erwartet haben». Es war in der Tat bedauerlich, dass die hochwürdigsten Stände des Reiches eine so lange Sitzung des Reichstages abschließen mussten, ohne in dieser Angelegenheit Abhilfe schaffen zu können, denn Salz, das im Sommer 1762 30 Daler pro Fass kostete, wurde im darauffolgenden Winter sogar in der Stadt Stockholm für 50 Daler kmt verkauft, was ein Beweis dafür ist, dass weder die Worte von Verträgen noch von Statuten stark genug sind, um den Eigennutz zu zügeln, wenn er in irgendeiner Weise den Schutz der Gesetze genießt.[1]

Was hingegen den Handel mit Getreide und Lebensmitteln anbelangt, so hatte die Warenverordnung eine ebenso bedauerliche Wirkung, und sie hätte bald den Tod so mancher Schweden verursacht, wenn Seine Königliche Majestät sich nicht aus väterlicher Sorge um seine Untertanen veranlasst gesehen hätte, sie im Falle von Getreide am 12. Februar 1741 bis Ende Juni auszusetzen, eine Freiheit, die am 14. April bis Ende August verlängert wurde, aber am 10. Juni auf Empfehlung des Geheimen Ausschusses bis zum Ende des Jahres und dann, wegen der Notwendigkeit, diese Waren einzuführen, bis zum folgenden Juni, von dort bis zum Ende des Jahres, weiter bis Juli 1743 und schließlich bis Januar 1747 verlängert wurde.

Bemerkenswert ist die diesbezügliche Erklärung von Seiner Königlichen Majestät am 11. Juni 1746, in der er vor unangemessenen Erhöhungen der Getreidepreise warnte: «Die Kosten für Getreide und Mehl sind bei der Ankunft in Stockholm ganz übermäßig erhöht worden, so dass ihre Preise zur großen Bedrückung der leidenden Armen auf fast das Doppelte dessen gestiegen sind, was sie im vorigen Winter in Finnland gekostet haben, woher sie gekommen sind; wodurch die Armen Anlass zum Stöhnen und Klagen erhalten haben.» Die Kauf-

---

[1] «Daler»: war eine Münzeinheit in Schweden, wie Mark und Øre, die 1523 unter Gustav I. Wasa mit der Unabhängigkeit eingeführt wurde, nicht identisch und nur ungenau übersetzt mit dem Wort Taler; kmt steht für Kopparmynt. Schweden hatte damals ein duales Währungssystem mit zwei Hauptwährungen: Silbermünz- (*Silvermynt*, smt) und Kupfermünzwährung (*Kopparmynt*, kmt).

leute wurden ermahnt, ihre Preise zu senken, andernfalls versprach Seine Königliche Majestät, zu solchen Mitteln zu greifen, die sicherlich ausreichen würden, um ein schädliches Eigeninteresse einzudämmen und um seine treuen Untertanen von einem willkürlichen Zwang in diesem Handel zu befreien.

Welche Maßnahmen Seine Königliche Majestät auch immer zu diesem Zweck ergriffen haben mochte, es ist klar, dass sie weder den Zwang noch den Mangel beheben konnten. Denn im darauffolgenden Jahr brachten die Reichsstände erneut eine allgemeine Beschwerde darüber vor und richteten daher in den Entschließungen des Landtages vom 14. Dezember 1747, § 10, ihre Sorge auf die Verbesserung der Landwirtschaft, womit jedoch wenig erreicht werden konnte, da die Manufakturen, die um jeden Preis in einem durch Krieg und Pestilenz verwüsteten Land errichtet wurden, einige Tausende von Menschen von der Landwirtschaft abgezogen und die Zahl der zu ernährenden Mäuler in den Städten erhöht hatten. Außerdem hatte die Warenverordnung einen großen Teil der Landarbeiter zu Matrosen auf den neuen Schiffen und andere zu Zimmerleuten in der Heimat gemacht, um die Reedereien mit mehr Schiffen zu versorgen, und, was am schädlichsten war, die Fischerei und den Provianthandel durch den Mangel und die Verknappung des Salzes gebremst. Wer sich die Mühe macht, die anderen von unserem Lande benötigten ausländischen Waren zu betrachten, wird bald feststellen, wie viele Schwierigkeiten uns die Einhaltung der Warenverordnung auch bei diesen auferlegt hat. Ich habe nicht die Zeit, mich bei dieser Gelegenheit damit zu befassen. Ich möchte nur folgendes sagen: Ist es für das Land vorteilhafter, Waren in großen Mengen aus Lübeck und Danzig, wo die Holländer ihre Handelsplätze haben, zu holen, als sie von diesen direkt hierher bringen zu lassen? Wer wird mit größerer Sicherheit Schmuggelware einbringen, fremde Schiffe oder unsere eigenen Seeleute, die überall Freunde haben und alle Nebenwege genau kennen? In welcher Epoche hat der schwedische Handel mehr geblüht? In der Zeit von Gustavus Wasa,[1] als in Lübeck ein Schiffspfund[2] Roheisen gegen ein paar Fässer Möhren getauscht wurde? Oder in unserer Zeit, in der ein Schiffspfund fertiges Stangeneisen in Danzig und Lübeck gegen ein Lispund[3] Kaffeebohnen getauscht wird?

Aber sehen wir uns auch an, wie sich dies auf unsere Exporte ausgewirkt hat. Was geschah mit dem Eisenhandel, Schwedens wichtigster Goldmine? Als die Warenverordnung erlassen wurde, war Eisen in England 9 oder 10 Riksdaler pro Schiffspfund wert, aber gleich danach fiel es in den ersten drei Jahren auf 8 und dann auf 6 oder 7 Riksdaler pro Schiffspfund, was etwa

---

1 Gustavus Wasa (1496-1560) war von 1523 bis zu seinem Tod König von Schweden.

2 Das «Skeppund» war eine historische Gewichtseinheit, verwendet in Schweden und anderen nordischen Ländern, insbesondere im Handel und in der Schifffahrt. Diese Einheit wurde häufig für die Gewichtsmessung von Gütern wie Eisen, Kupfer und anderen Handelswaren verwendet, die häufig per Schiff transportiert wurden. Ein Schiffspfund entsprach in etwa 170 Kilogramm (später 136 Kilogramm nach einer Standardisierung).

3 Ein «Lispund» (schwedisch; niederländisch: *Lijpgewicht*) war eine Gewichtseinheit, die im 17. und 18. Jahrhundert in Schweden und anderen nordeuropäischen Ländern verwendet wurde. In Schweden entsprach ein Lispund in der Regel 8,5 kg oder 20 Pfund (ein schwedisches Pfund entsprach etwa 425 g).

20 Jahre lang anhielt. Unsere anderen Exporte haben im Verhältnis dazu das gleiche Schicksal erlitten. Aber was ist die Ursache dafür?

Sie ist so offensichtlich, dass sie auch von den einfältigsten Menschen verstanden werden kann, und gleichzeitig so konträr zu den Ansichten der Nation, ja ich würde fast wagen zu sagen, zu denen von ganz Europa, dass ich keine Zustimmung erwarten kann, außer von denen, die frisch an das Thema herangehen, und von Intellektuellen, die nicht durch vorgefasste Meinungen und Eigeninteressen getrübt sind.

Ich stütze meine Argumentation auf zwei Axiome, die den Handel betreffen.

1. Je mehr Käufer auf einem Markt auftauchen, desto höher ist der Preis, den der Verkäufer für seine Ware erhält, und umgekehrt.
2. Das andere ist, dass eine Ware niemals so viel kostet, insoweit ich gezwungen bin, sie zum Verkauf anzubieten, wie insoweit der Käufer gezwungen ist, sie zu suchen.

Die Kaufleute in unseren größeren Stapelstädten erkannten recht deutlich, dass die Engländer und Niederländer ihre Pläne in den großen Häfen des Landes behinderten: sie unterboten sie im Salzhandel oder zwangen sie, ihren Mitbürgern Schnäppchen anzubieten; sie begehrten unsere Eisen- und anderen Exporte und machten unseren eigenen Kaufleuten Konkurrenz, so dass es nicht möglich war, bei uns Monopole zu errichten. Sie erkannten ebenso gut, dass einerseits weder die Portugiesen noch die Spanier, denen es an solchen exportierbaren Waren fehlte, die nach Schweden eingeführt wer-

Anders Chydenius

den durften, jemals hierher segelten, wozu die Warenverordnung nötig war, und dass andererseits weder die Niederländer noch die Engländer es für lohnend hielten, eine nennenswerte Anzahl von Schiffen hierher zu schicken, da es ihnen nicht erlaubt war, Salz als Ballast mitzubringen oder ein Sortiment verschiedener Arten von Stückgut zu befördern.

Unsere Stockholmer Kaufleute sahen, dass nicht nur die Nichtstapelstädte und das ganze Land, sondern auch die kleineren Stapelstädte mit ihnen in Bezug auf ihren gesamten Bedarf aus dem Ausland zurechtkommen mussten, da sie selbst keine Waren zu verschiffen hatten, die in den Salzexporthäfen gefragt waren, und die Ausländer daran gehindert wurden, ihnen zu helfen. Was war geschehen? Die Warenverordnung wurde erlassen; die Abnehmer unserer Exportprodukte wurden auf wenige reduziert; die Preise unserer wichtigsten Exporte mussten daher zwangsläufig sinken, bis die meisten eisenverarbeitenden Güter in die Hände eben dieser Exporteure fielen, so dass sogar unsere Bürger das Eisen bei ihnen kaufen mussten, und zwar zu einem hohen Preis.

Da nur wenige Ausländer das Land betreten konnten, mussten unsere Exporteure den größten Teil unseres Eisens selbst ausführen, und für das wenige, das die Ausländer mitnehmen konnten, mussten sie umso weniger bezahlen, als ihre Reisen mit Ballast sie teuer zu stehen kamen. Als die Warenverordnung es für die Engländer und Holländer unrentabel machte, das Eisen zu holen, wurden wir gleichzeitig daran gehindert, ihnen einen angemessenen Preis dafür zu berechnen, es sei denn, es wurde im Voraus vereinbart, denn wir mussten es dann zum Verkauf anbieten und unter dem Selbstkostenpreis verkaufen, anstatt eine neue und teure Reise zu riskieren, ohne sicher zu sein, dass wir anderswo einen besseren Empfang haben würden; so wurden wir ganz unfähig gemacht, einen stetigen Überseehandel mit unserem Eisen zu betreiben. Dieses Gesetz ist auch der Hauptgrund dafür, dass das Eisen in den Stapelstädten in besonderen Wiegehäusern gelagert wird und dass zu diesem Zweck mit großem Aufwand die Eisenmeistervereinigung[1] gegründet worden ist.

Was noch? Wer hat von all dem profitiert? Die übliche Antwort lautet: unsere Reedereien und Kaufleute und mit ihnen das ganze Land. Selbst wenn ich zugeben würde, dass die Zahl der schwedischen Schiffe zugenommen hat, so ist doch oben gezeigt worden, dass dies in einem unterbevölkerten Land auf Kosten der Allgemeinheit geschehen ist und der Landwirtschaft den Boden entzogen hat. Wenn wir den schwachen Zustand aber bedenken, in den die schwedische Schifffahrt während des letzten 20-jährigen Krieges[2] gefallen ist, und von dem sie sich während unserer ersten und folglich unschuldigsten Friedensperiode von selbst zu erholen begann, dann bleibt es ungewiss, ob die Warenverordnung vernünftigerweise als ein Faktor betrachtet

---

1 Die Eisenmeistervereinigung, das sogenannte «Järnkontoret», wurde 1747 von König Friedrich I. gegründet und besteht noch heute. In den ersten hundert Jahren bestand die Hauptaufgabe darin, den Exportpreis für schwedisches Eisen und Stahl aufrechtzuerhalten. Siehe dazu *Anders Chydenius' Leben und Werk / Der Reichstag von 1765-6*. Link # 5.
2 Gemeint ist der Große Nordische Krieg (1700-1721), in welchem die Schweden gegen eine Allianz von Staaten eine Niederlage erlitten und ihre Dominanz verloren.

werden kann, der dazu beigetragen hat. Mit Erstaunen sehen wir in dem Bericht des königlichen Handelsrates vom 22. Mai 1697 an König Karl[1] über den Stand der damaligen Handelsangelegenheiten, dass die Handelsflotte in 12 bis 14 Jahren beträchtlich angewachsen war, so dass Stockholm allein 79 größere oder voll ausgerüstete[2] und 150 halb-freie Schiffe[3] besaß, insgesamt 229, die in der überseeischen Schifffahrt eingesetzt wurden. Die Schifffahrtsgesellschaften verdienten jährlich 500 000 Riksdaler allein an der überseeischen Fracht, und auf den Handelsschiffen waren mehr als 4 000 Seeleute beschäftigt. Die Zolleinnahmen stiegen innerhalb von zehn Jahren auf ein Niveau, das das der vorangegangenen zehn Jahre um 19 Tunnor Guld[4] übertraf, und die Seezölle aus Livland, Estland und Ingria wuchsen in dem gleichen Zeitraum auf 11 Tunnor Guld, gerechnet in Riksdaler. Könnten wir mehr über unsere Schifffahrtsgesellschaften in einem entsprechenden Zeitraum sagen? In der königlichen Entschließung über die allgemeinen Beschwerden der Städte von 1734, § 5,

---

1 Karl XII. (1682-1718) war von 1697 bis zum Tod König von Schweden.

2 «större eller monderade skepp»: bezeichnet Größe und Eignung der Schiffe, im Kriegsfall mit einer festgelegten Zahl an Kanonen bestückt zu werden. In Friedenszeiten als Handelsschiffe eingesetzt, waren sie von einem Drittel der Zölle auf die transportierten Waren befreit und genossen damit *munderad skeppsfrihet*, d. h. «vollständige Freiheit».

3 «half-frie skepp»: bezieht sich auf kleinere Handelsschiffe, welche in Kriegszeiten mit weniger Kanonen ausgestattet werden konnten als die vollausgerüsteten Schiffe. In Friedenszeiten wurden auch solche Schiffe als Handelsschiffe eingesetzt und waren von einem Sechstel der Zölle auf die transportierten Waren befreit.

4 «Tunnor Gull» (Tonnen Gold): bezeichnete eine Maßeinheit für große Mengen an Münzen oder Edelmetallen, wenn es um Staatsfinanzen, Militärausgaben oder Handelsüberschüsse ging; aber auch symbolisch gemeint und dann keine exakte Maßeinheit.

wird zwar festgestellt, dass die Zahl der schwedischen Schiffe in den baltischen Häfen zugenommen hat, aber das Gleiche kann man nicht über das Mittelmeer sagen. Und was am sichersten war, war die Tatsache, dass wir durch das Retorsionsgesetz von 1725[1] völlig vom lukrativen Frachtverkehr mit den niederländischen Kolonien ausgeschlossen wurden. Was unsere Kaufleute betrifft, so kann man ihnen zwar zugestehen, dass sie zumindest auf den ersten Blick davon profitiert haben, aber auf wessen Kosten, ist eine heiklere Frage. Nicht auf die der Ausländer, denn während ein Teil unserer Exporte unter dem Selbstkostenpreis verkauft werden muss, müssen andere auf unsere Kosten in den Waagen unserer eigenen Stapelstädte verbleiben, weil es an Käufern fehlt. Das Salz, das wir nach diesem System direkt von den Erzeugern beziehen sollten, kostete so viel Fracht, weil die Schiffe, da sie kein Sortiment anderer, gewinnbringenderer Waren mitführen konnten, allein mit Salz fahren mussten, dass es fast doppelt so teuer wurde wie das, was wir von den Holländern kaufen konnten, die es als Ballast verwendeten. Ein weiterer objektiver Beweis dafür ist der bemerkenswerte Unterschied zwischen den Salzpreisen in Stockholm und Göteborg, der zwischen 25 und 50 Prozent liegt, so dass letztere Stadt es manchmal vorzieht, das Salz aus Stockholm statt aus Spanien zu beziehen, und das vor allem wegen des Mangels an profitablen Exportgütern, die in die salzexportierenden Häfen gebracht werden konnten. Nichtsdestotrotz haben die Exporteure gut daran ver-

---

[1] Das Retorsionsgesetz von 1725 bezeichnet die Vergeltungsmaßnahme der Niederlande gegen Schweden in Reaktion auf die schwedische Warenverordnung von 1724/1726 (siehe S. 27 sowie 38n1).

Anders Chydenius

dient. Es gab nur wenige von ihnen, und sie waren voll damit beschäftigt, unsere Waren zu vermarkten und ausländische Waren im Ausland zu bestellen. So waren sie in der Lage, die Preise für jede Ware so festzulegen, dass sie ihren Interessen am besten entsprachen. Aber das Land und die Allgemeinheit haben von all dem nicht profitiert.

Die kleineren Handelszweige wurden vernachlässigt, denn die Exporteure hatten alle Hände voll zu tun mit dem Verkauf von Eisen-, Kupfer- und Messingblechen, Messingdraht, Eisen und Holz; zwangsläufig mussten daher die anderen Manufakturen zurückgehen und absterben. Infolge der geringen Zahl und des fast kartellartigen Charakters der Abnehmer wurden nicht nur die Nicht-Stapelstädte in größere Bedrängnis gebracht, sondern auch die kleineren Stapelstädte, die selbst nicht genügend Exportgüter besaßen, wurden ihres Außenhandels beraubt, da die Engländer und die Holländer daran gehindert wurden, sie zu besuchen. Früher konnten nicht nur mehr einheimische, sondern auch ausländische Männer Wechsel ziehen, und der Überweisende konnte den besten Preis ausfindig machen, so dass es nicht möglich war, den Wechselkurs frei steigen zu lassen; aber als die Beschränkungen des Handels alles in wenigen Händen konzentrierten, glich es einer autokratischen Herrschaft, wie sie die Welt in der Ausübung der finanziellen Tyrannei noch nie gesehen hat. Der Mangel an Salz und Getreide brachte die Werkstätten zum Stillstand, belastete die Landwirte bis ins Mark, behinderte die Fischerei und den Provianthandel, verteuerte alle unsere Manufakturwaren, verarmte die Krone und die Privatpersonen, die gezwungen waren, sie zu kaufen, und machte die Erzeugnisse (abgesehen von der Gewährung großer Kopfgelder, die zu einem neuen Mittel wurden, um die Ressourcen zuerst der Krone und dann auch der Arbeiter zu erschöpfen) für das Ausland unverkäuflich. Mit einem Wort, sie hat das Land im Elend ertränkt.

Aber ist das nicht eine Übertreibung? Wer aufmerksam und unparteiisch die Geschicke des Handels in der ganzen Welt beobachtet, wird bald entdecken, dass je freier der Handel in einer Nation war, desto mehr Waren, desto mehr Arbeiter und desto größerer Fleiß vorhanden sind, und umgekehrt; und dass solche Ursachen notwendigerweise eine solche Wirkung hervorbringen müssen.

Wir sehen unser heutiges Schicksal in Miniaturform zur Zeit von Gustavus Wasa dargestellt. Im Jahre 1527 verbot er den Lübeckern die Schifffahrt nach den meisten unserer Häfen in der Absicht, den Handel des Reiches zu verbessern, und tat damit den ersten Schritt zur Begründung des bemerkenswerten, sonst unter allen Handelsnationen unbekannten Unterschieds zwischen Stapel- und Nichtstapelstädten. Die Nichtstapelstädte verloren daraufhin den lebhaften Handel mit Waren aller Art, den sie früher in ihren eigenen Häfen betrieben hatten; ein Teil der Erzeuger musste daraufhin zur See fahren, wodurch sich die Menge der Waren verringerte; folglich mussten die Preise sinken, denn die Waren mussten durch die Hände der Kaufleute in den Stapelstädten an die Fremden gehen, und die eben erst wiederbelebten schwächeren Handelszweige mussten ganz verkümmern. Nichts war also unausweichlicher, als dass das Land in der Handelsbilanz mit dem Ausland bald den Kürzeren ziehen würde, und das war genau das Übel, das dadurch verhindert werden sollte. Als sich die Menge der Exportwaren verringerte, musste das Defizit mit Geld ausgeglichen werden, so dass die Silberwährung abzufließen begann. Darüber beklagte sich der König zusammen mit dem Reichsrat und den Ständen in den Beschlüssen des Landtages in Örebro am 24. Januar 1540, Punkt 6. «Es ist auch ein schwerer und unerträglicher Schaden für das ganze Land, dass fast alle Kaufleute in diesem Königreich nun schon seit vielen Jahren (das heißt: nicht seit undenklichen Zeiten) höchst unberechtigt mit den Münzen der Krone gehandelt haben, sodass sie fast alle aus dem Königreich hinaus und nach Dänemark, in die deutschen Städte, nach Riga, Räfle,[1] Danzig, Lübeck und anderswohin flossen.» — Daraufhin verbot Seine Majestät jedem unter Androhung des Verlustes von Leben, Gütern und Eigentum, dies zu tun, obwohl es unmöglich war, es in einer Überseehandel betreibenden Nation zu verhindern, deren Handelsbilanz solange negativ blieb, wie der Zwang andauerte, obwohl es von selbst aufgehört hätte, wäre der Handel frei geblieben.

Der Handel kann nicht die geringste Einschränkung verkraften, ohne dass sie ihm schadet. Vor mehr als 400 Jahren geschah bei uns dasselbe, was Montesquieu als Ursache für den Niedergang der Landwirtschaft in Afrika beschreibt,[2] nämlich dass die Ausfuhr des Getreides, das zuvor in Hülle und Fülle zum Verkauf stand,

---

1 Heute Tallinn, die Hauptstadt von Estland.

2 «Montesquieu ... beschreibt ... Afrika»: mehr dazu siehe *Die Ursachen der Auswanderung*, § 12, Anmerkung 1. Link # 6.

im Jahr 1303 verboten wurde, was die Landwirtschaft behinderte und den Weg für die Hungersnot bereitete, die das Königreich 12 Jahre später heimsuchte.[1] Dieselbe Frage wird in Frankreich seit langem diskutiert, ist nun aber endlich durch einen Sieg der Freiheit entschieden.[2]

Die Engländer waren gezwungen, Getreide zu importieren, bis sie den Export erlaubten und förderten. Solange es den Ausländern selbst erlaubt war, nach Schonen zu kommen, um Ochsen zu kaufen, wurden sie unvergleichlich gut in festen Riksdalern bezahlt. Jetzt riskieren wir sie selbst auf See und transportieren sie in fremde Länder, müssen uns aber mit viel weniger zufriedengeben; denn der Verkäufer kann nicht ohne Verlust für sich selbst mit ihnen von einem Hafen zum anderen segeln und noch weniger mit ihnen nach Hause zurückkehren. Die Engländer haben alle Wollexporte verboten; würde das aber streng befolgt, und würden die sogenannten Schmuggler nicht von ihrem eigenen Geiz getrieben, das dadurch drohende Schicksal abzuwenden, so wäre das allein imstande, ihre teuren Schafzuchtbetriebe zu ruinieren.

Die Chinesen wollen ihre Waren niemals selbst nach Europa exportieren, selbst wenn sie dazu in der Lage wären. Wie leicht sehen sie, dass ihre Waren dann bald im Wert sinken würden. Wir halten das für eine Torheit bei ihnen, aber sie besitzen nach ihrem System einen Überfluss an Menschen, Waren und Geld, während die

---

1 «den hungers-nöd, som 12 år därefter twingade Riket»: Die Hungersnot von 1315-17 betraf zahlreiche europäische Länder.

2 «afgjord til Frihetens seger»: Mehrere europäische Länder, darunter Frankreich und die Toskana, hoben in den 1760er und 1770er Jahren das Verbot der Getreideausfuhr auf und nahmen so Turgots Reform im Jahr 1774 vorweg, die den Getreidemarkt liberalisierte.

Anders Chydenius

Afrikaner aufgrund ihrer Handelsbeschränkungen eine Wildnis bewohnen und wir trotz all unserer vielen Schiffen an allem Mangel haben. Polen, Preußen, Curland[1] und Lifland[2] halten es für bei Weitem besser, den holländischen Schiffen zu gestatten, ihre Häfen anzulaufen und ihr Getreide, Leinen, Hanf, Wolle usw. einzusammeln, als sie durch Schifffahrtsgesetze und Handelsverordnungen fernzuhalten; denn nun können sie überredet werden, höhere Preise für die Waren zu zahlen, als wenn sie ihnen in ihren eigenen Häfen zur Verfügung stünden, es sei denn, sie wollen mit leeren Schiffen zurückkehren.

Aber wozu braucht man weitere Beispiele? Oder wer kann durch sie dazu gebracht werden, etwas anderes zu glauben als das, was er seit seiner Kindheit gehört hat? Es verstößt gegen die Mode und die Anschauung unserer Zeit, so wie es einem Seemann nie in den Sinn kommt, dass sich die Erde bewegt und die Sonne stillsteht. Vorschriften, Verordnungen, ausschließliche Privilegien, Verbote aller Art bis hin zu offenkundigem Neid zwischen Staaten und Bürgern sind die Schritte, mit denen Schweden beschlossen hat, die Spitze seines Glücks zu erklimmen. Was für eine sinnlose Verkomplizierung und vergebliche Anstrengung! Auf keinen Fall würde der große Meister der Gesellschaften der Menschheit durch solche blinden und zweifelhaften Unternehmungen den Weg zu einem glorreichen Wohl-

---

[1] «Curland»: bezeichnet eine Region im heutigen Lettland; sie liegt südlich des Golfs von Riga.

[2] «Lifland» bezeichnet eine Region an der Ostküste der Ostsee, die heute zwischen Estland und Lettland liegt.

stand öffnen. Die Natur selbst ist dagegen und beweist, dass nichts als Freiheit und Menschenliebe die geeigneten Baustoffe sind, um Gesellschaften mit Macht und Ansehen auszustatten. Ich bin weder ein Feind der Schifffahrt noch ein Feind der Produktionsstätten, aber ich sehe auch, wie begrenzt alle menschliche Vernunft ist, verglichen mit der Tiefe der Weisheit, die erforderlich ist, um einen Staat glücklich zu machen.

In einem bevölkerungsreichen, blühenden und moralisch einwandfreien Land mag es vernünftig sein, den freien Handel zuzulassen; bei uns, wo keines dieser Prädikate wirklich zutrifft, würde dies aber bedeuten, das allgemeine Wohl der Gesellschaft zu gefährden. Wir haben uns lange genug vor diesem Schreckgespenst gefürchtet. Schauen wir, welche Gründe dem zugrunde liegen. Ist es nicht der Zwang zu Gewerbe und Unternehmertum, der die Vermehrung unserer Arbeitskräfte hemmt, Ketten, die keine bevölkerungsreiche Nation der Welt erträgt oder ertragen könnte, ohne innerhalb eines halben Jahrhunderts so unterbevölkert zu sein wie wir? Was sonst hindert uns daran, zu gedeihen, als eben dieser Zwang, der das Streben nach Gewinn abtötet und einem Bürger hilft, auf den Schultern eines anderen zu klettern? Wenn ein Mensch in einem Staat den Rahm der Arbeit eines anderen abschöpfen kann, muss er verschwenderisch werden, und Verschwenderei verstößt unfehlbar gegen die Moral. Liegt hier nicht eine eindeutige *argumentatio in circulum*[1] vor, das heißt dass wir kein freies Unternehmertum zulassen dürfen, weil wir unterbevölkert und korrupt sind, und dass wir

---

[1] Zirkelschluss, logischer Irrtum.

Anders Chydenius

so sind, weil wir keine Freiheit hatten? Wenn Zwänge
die wahre Quelle unseres Unglücks sind, kann uns nur
durch Freiheit geholfen werden, und solange das nicht
geschieht, ist es vergeblich, auf irgendeine Abhilfe zu
hoffen.

Lieber Leser! Das Thema ist es wert, darüber nachzudenken; legen Sie alle vorgefassten Meinungen beiseite; stellen Sie sich die Freiheit nicht nur in einem
Wirtschaftszweig vor, denn dann kommen Sie nicht
weit, bevor Sie auf Widerstand und Verwirrung stoßen;
befreien Sie in Ihrem Geist den Staat sofort von allen
Fesseln und Vorschriften, die ihn einengen; lassen Sie
sich vom Beispiel anderer von der Durchführbarkeit
überzeugen, und lassen Sie sich Zeit, die Sache richtig
zu betrachten; dann werden Sie bald sehen, wie das
freie Unternehmertum im Ausland und im Innern den
kleinsten Handelszweig belebt, den Fremden daran hindert, das Land zu schröpfen, und den einen Bürger daran hindert, sich auf Kosten des anderen zu bereichern;
wie die Sicherheit des Bauern im Besitz seines Landes
und die Freiheit, ein Handwerk auszuüben und seinen
Lebensunterhalt zu verdienen, wie er will, ihn unmerk-
lich und ohne gesetzliche Regelung zu dem Lebensunterhalt führt, der ihm und dem Lande den größten
Lohn bringt: wie die Handwerkskünste und Manufakturen, wenn sie frei sind, den Arbeiter zu Fleiß und
Mäßigung anspornen, wenn er nicht von der minder-
wertigen Arbeit einiger schlecht bezahlter Gesellen abhängig und damit beschäftigt ist, anderen durch Fleiß
und gute Arbeit zuvorzukommen; wie alle Berufe zusammen, wenn sie frei sind, die Menschen an die richti-

gen Stellen bringen, wo sie sich selbst und dem ganzen Lande am nützlichsten sind: und schließlich, wie kein politisches Gesetz der Welt dies richtig zu regeln vermochte, was die Natur so leicht und mühelos erreicht.

Sollte der geneigte Leser feststellen, dass ich mich bei diesem Thema von der Wahrheit leiten lasse, wird er mir vermutlich seine Zustimmung nicht verweigern; sollte ich aber trotz meiner besten Absichten über das Ziel hinausgeschossen sein, so obliegt es ihm, mich mit begründeten Argumenten davon zu überzeugen.

DREI WIRTSCHAFTSPOLITISCHE FRAGEN
1761 oder 1762

Vorbemerkung:[1] Das Originalmanuskript aus dem Jahr 1761 oder 1762 ist verschwunden, nachdem es von Georg Schauman in *Biografiska undersökningar om Anders Chydenius* (1908), S. 495-508, veröffentlicht wurde, das die Quelle für den Originaltext auf Schwedisch ist.

Zusammenfassung

Chydenius behandelt in diesem Werk drei zentrale wirtschaftspolitische Fragen:

1. Soll die Ausfuhr von Münzgeld[2] verboten werden? Chydenius argumentiert, dass ein solches Verbot wirtschaftlich schädlich sei. Länder mit Handelsdefiziten müssten sich nämlich verschulden, wenn sie kein Münzgeld exportieren dürfen, was langfristig zur wirtschaftlichen Abhängigkeit und zum Verlust nationaler Souveränität führe. Ein Handelsgleichgewicht sei nur durch freien Kapitalverkehr und nicht durch restriktive Gesetze erreichbar.

2. Ist das öffentliche Misstrauen gegenüber Papiergeld berechtigt? Chydenius erkennt das Misstrauen der Bevölkerung gegenüber nicht gedecktem Papiergeld an. Er zeigt auf, dass unzureichende Transparenz und mangelnde Einlösbarkeit von Banknoten zur Abwer-

---

1 Information laut der Textseite von *Anders Chydenius*. Link #7.
2 «Redbarts»: *redbart mynts*, ehrlich geprägte Gelder. Im englischen Text heißt es «species». Damit ist Münzgeld gemeint, das waren Gold- und Silbermünzen. Als Hartgeld steht es im Gegensatz zu Papiergeld, das anders als Edelmetallgeld keinen inneren oder eigenen Wert besitzt.

tung und Destabilisierung des Finanzsystems führen. Die Kontrolle über die Geldpolitik müsse öffentlich durch die Bürger erfolgen.

3. Sind Zwangsverteilung von Dienstboten und feste Löhne gerechtfertigt? Chydenius kritisiert Pläne, Dienstboten per Losverfahren zu verteilen oder deren Löhne staatlich festzulegen. Dies sei ein Eingriff in die persönliche Freiheit und führe langfristig zu einer ineffizienten Wirtschaft. Statt staatlicher Kontrolle brauche es Marktmechanismen, die Angebot und Nachfrage regeln.

Einordnung

Diese Denkschrift ist ein früher Beitrag zu drängenden wirtschafts- und gesellschaftspolitischen Fragen, die Chydenius grundsätzlich und zeitlos diskutiert und beantwortet. Er stellt ökonomische Tatbestände dar und kritisiert anschließend staatliche Eingriffe in Märkte, die dadurch be- und sogar verhindert werden. Chydenius plädiert für freie Handelsströme, Marktwirtschaft und eine transparente Geldpolitik — Gedanken, die später von Denkern wie Adam Smith systematisiert wurden. Er erkennt Gefahren einer undurchdachten Auslandsverschuldung, von Bürokratismus und die eines ungedeckten Geldsystems und tritt auch hier für bürgerlich-marktliche Kontrolle vieler statt weniger Politiker ein.

Seine Argumente gegen Zwangsarbeit und staatlich festgelegte Löhne zeigen eine moderne Sicht auf Arbeitsrechte und individuelle Freiheit. Damit ist das Werk nicht nur wirtschaftspolitisch, sondern auch gesellschaftlich und sozialpolitisch relevant.

Fazit

Chydenius' Denkschrift ist ein bemerkenswerter, zeitgebundener Beitrag zur Entwicklung praktischer Wirtschafts- und Gesellschaftstheorien, die Orientierung stiften. Seine Forderungen nach Freihandel, solidem Geld, Kapitalmobilität und individueller Freiheit sind bis heute zentrale Prinzipien — gegen die immer noch verstoßen wird.

DREI WIRTSCHAFTSPOLITISCHE FRAGEN

1
Ob ein Verbot der Ausfuhr von Münzgeld aus einem Land einer Gesellschaft nützt oder nicht?

Ein Land muss im Verhältnis zu anderen Ländern entweder einen Handelsüberschuß, einen Saldo oder ein Defizit aufweisen. Ein Überschuß liegt vor, wenn es Waren an andere abgibt, die mehr wert sind als die, die es von ihnen erhält. Der überschüssige Wert seiner Waren muss dann notwendigerweise von den Ausländern in Hartgeld bezahlt werden. Für ein solches Land ist es dasselbe, ob es dem Ausländer an einem oder mehreren Orten einige tausend Daler in Edelmetallgeld zahlt, wenn es an einem anderen Orte nicht nur den Gegenwert dieses Geldes, sondern auch noch so viel darüber hinaus zurückerhält, wie es an Überschüssen erzielt hat. Was schadet es also, Edelmetallgeld zu exportieren?

Hat er einen ausgeglichenen Handel, d.h. betragen die aus einem Lande ausgeführten Waren *quam proxime*[1] denselben Wert wie die eingeführten, so ist er in der Lage, alle seine Bedürfnisse aus dem Auslande im Tausch gegen Waren zu beziehen, und scheint es daher nicht nötig zu haben, Devisen auszuführen. Ein Staat wie derjenige mit einem ausgeglichenen Handel, betreibt aber nicht nur Handel mit mehreren fremden Staaten, sondern der Handel wird in der Regel auch von mehreren Provinzen des Landes aus betrieben. Die fremden Länder, mit denen er Handel treibt, sind nie

---

[1] ungefähr.

von annähernd gleicher Bedeutung für den Handel. Gewinnt es auf Kosten der schwächeren Handelsnationen, so muss es im Gegenteil gegenüber den stärkeren etwas verlieren, und doch muss es den Handel um einiger unentbehrlicher Waren willen aufrechterhalten, durch die es von einer anderen Nation genug gewinnen kann, um das Gleichgewicht zu erhalten. Wenn der Export von Münzgeld verboten ist, frage ich: Womit soll es die Waren von denen kaufen, mit denen es ein Defizit hat? Wenn die beiden vermeintlichen Nationen, mit denen es Handel treibt, auch gegenseitige Handelsbeziehungen haben sollten, dann könnte das mit Hilfe von Wechseln erreicht werden, aber nicht unter anderen Umständen.

Wenn sich der Saldo durch bestimmte Ereignisse in ein Defizit für zwei, drei oder mehr aufeinanderfolgende Jahre verwandelt, muss die Kreditwürdigkeit eines solchen Landes erheblich leiden, da es nicht in der Lage ist, seine Schulden für mehrere Jahre zu begleichen, sondern sich verpflichten muss, aufeinanderfolgende Zinstranchen zu zahlen, deren jährliche Hinzufügung zum Kapital die größten Hindernisse für die Wiedererlangung der früheren wirtschaftlichen Unabhängigkeit eines solchen Landes darstellen dürfte.

Auch benötigen nicht alle Provinzen die gleiche Menge ausländischer Waren, so dass diejenigen, die mehr Waren benötigen, als sie ausführen, auf die gleichen Schwierigkeiten stoßen, wie die eben genannten, es sei denn, sie können sie in Edelmetallgeld bezahlen.

Wenn das Land aber eine negative Handelsbilanz hat, d.h. wenn es vom Ausland Waren erwirbt, deren Wert höher ist als der der von ihm ausgeführten, scheinen die Schwierigkeiten weitaus hartnäckiger zu werden. Denn wenn das Land seine exportierbaren Waren als Bezahlung für die Waren, die es vom Ausland erwirbt, verwendet, soweit sie reichen, denn sie werden nicht für alles reichen, dann entsteht ein mehr oder weniger großer Überschuss an importierten ausländischen Waren, der unmöglich mit Waren bezahlt werden kann. Das muss dann entweder in Edelmetallgeld bezahlt werden oder unbezahlt bleiben und das Land sich für den Rest verschulden. Da es nicht mit Edelmetallgeld bezahlt werden darf, ist Letzteres unvermeidlich. Die Verschuldung ist in diesem Fall nichts anderes als das Versprechen, früher oder später für das Erworbene in Edelmetallgeld zu zahlen. Wenn das Verbot des Edelmetallgeldexportes bedingungslos ist, habe ich mich zu einer Handlung verpflichtet, die direkt gegen das Gesetz verstößt. Löse ich meine Schuldverschreibung ein, so verstoße ich gegen das Gesetz, lasse ich sie uneingelöst, so verstoße ich gegen die Gesetze aller Nationen, was letztlich niemandem mehr schadet als mir selbst. Wenn das Land sich in diesem Jahr mit 1 Million verschuldet hat, ohne seine Schuld in Edelmetallgeld begleichen zu können, so wird diese Schuld, selbst bei einem vernünftigen Zinssatz von 6 Prozent, innerhalb von 16 ⅔ Jahren auf 2 Millionen gestiegen sein.[1] Nun kann ein solcher Zinsfuß nicht jährlich getilgt werden, weder mit Münzgeld noch mit Waren, denn das eine ist verboten und das andere unter solchen Umständen unmöglich, so dass die jährlichen Zinsen zur Hauptsumme

---

[1] MvP: Hier irrt Chydenius. Es handelt sich um ein klassisches Beispiel für Zinseszinswachstum: $K(t) = K_0 \cdot (1 + r)^t$ Es dauert ca. 11,0 Jahre bis sich 1 Million bei 6 % Zinsen pro Jahr auf 2 Millionen verdoppelt hat.

hinzukommen müssen, wodurch die Schuld viel schneller wächst. Wenn aber das Handelsdefizit des Landes in den 16⅔ Jahren dasselbe ist wie in diesem Jahr, so muss es sich jährlich für eine zusätzliche Million und damit für eine Hauptschuld von 16 Millionen verschulden, abgesehen von den Zinseszinsen, die, da sie jährlich zur Hauptschuld hinzukommen, letztere um ein Vielfaches übersteigen.

Ein solches verschuldetes Land muss schließlich seine Ländereien, Häuser und Grundstücke an seine Gläubiger verpfänden, seinen Wohlstand und seine Freiheit verkaufen und unter einem knechtischen Joch ächzen, das es sich selbst auferlegt hat.

Die Zunahme der exportierten Warenmenge darf nicht einseitig als Beweis für eine tatsächliche Befreiung von einem Defizit angesehen werden, solange man nicht weiß, ob der Wert der importierten Waren nicht in gleichem oder noch schnellerem Maße gestiegen ist.

Der Einfuhr entbehrlicher Waren zuzustimmen, aber die Ausfuhr von Zahlungsmitteln zu verbieten, ist so, als würde man seinem Diener erlauben, in einen Laden zu gehen und sich dort mit allen möglichen Kleidungsstücken zu schmücken, ihm aber strikt verbieten, dafür Geld zu bezahlen.

Die Einfuhr von ausländischen Luxusgütern zu verbieten, ihren Gebrauch am helllichten Tag dagegen zu erlauben, scheint gleichbedeutend damit zu sein, das Laster anzuprangern, es aber gleichzeitig zu dulden, solange es diskret gehandhabt wird.

Die Zahl der unproduktiven Personen durch das Schaffen neuer Ämter zu erhöhen, ohne eines der alten abzuschaffen, bedeutet gleichzeitig, doppelt so viele

Anders Chydenius

Bürger aus den produktiven Berufen zu entfernen (von denen die eine Hälfte sofort die neuen Ämter besetzt und die andere Hälfte, in der Hoffnung, in diese befördert zu werden, die ersteren unterstützt und ihre Aufgaben erfüllt), was die Ausgaben erhöht, aber die Einnahmen verringert. Viele Menschen aus den produktiven Berufen zu entfernen, bedeutet ebenfalls, die Menge der exportierten Waren zu verringern und die der importierten zu erhöhen und gleichzeitig die Situation eines verschuldeten Landes immer weiter zu verschlechtern.

Die Konzentration mehrerer besoldeter Ämter in den Händen eines einzigen Mannes bedeutet aber auch, dass die Zahl der unproduktiven Personen in besonderer Weise weit über ihre normale Zahl hinaus ansteigt, was die produktiven Bürger des Landes unerträglich belastet und gleichzeitig der Üppigkeit und dem Luxus einen ungewöhnlichen Auftrieb gibt.

Als der große König Gustav der Erste[1] zunächst die Regierung einer verschuldeten Nation übernahm, verbot er nicht die Ausfuhr von Edelmetallgeld, sondern beschlagnahmte alle öffentlichen und privaten Güter, die er beschaffen konnte, darunter sogar die Kirchenglocken des Königreichs, und verschiffte sie ins Ausland in die Hansestädte, um damit deren blutsaugerischer Politik Einhalt zu gebieten. Er suchte die Landwirtschaft, den Handel und das Handwerk zu fördern und betrachtete den Luxus in einem so armen Land als eine verheerende Krankheit.

---

[1] Gustav I. von Schweden, auch bekannt als Gustav Wasa (1496-1560), war ab 1523 König von Schweden, und er gilt als der Begründer des modernen schwedischen Staates.

2
Ist das Misstrauen der Öffentlichkeit gegenüber dem repräsentativen Geld[1] gerechtfertigt oder nicht?

In einer Abhandlung über den gegenwärtigen Zustand Schwedens in Bezug auf Reichtum und Wohlstand,[2] in der mehrere Gründe angeführt werden, um die Wohlfahrt des Königreichs zu beweisen, wird nur das Misstrauen des Publikums gegenüber dem repräsentativen Geld beklagt, ohne jedoch sorgfältig zu prüfen, ob dieses Misstrauen begründet ist oder nicht, obwohl es eine so wichtige Frage ist, dass der Wohlstand oder die Zahlungsunfähigkeit Schwedens fast vollständig von der Antwort darauf abhängt. Denn wenn sich das Misstrauen als unbegründet erweist, ist Schweden einer der reichsten Staaten Europas, wenn es aber begründet ist, wird wahrscheinlich das Gegenteil der Fall sein. Es ist daher notwendig, die Sache zu untersuchen, und da der Verfasser der obigen Abhandlung auch in dieser Hinsicht mit der gleichen Gründlichkeit wie in anderen Hinsichten den Wohlstand Schwedens zu beweisen vermochte, so will ich das Gegenteil behaupten, indem ich einige Beweise dafür vorlege.

---

1 «repræsentativa myntet»: Papiergeld im Gegensatz zu Metallmünzen; das Papiergeld hat keinen intrinsischen, keinen eigenen Wert wie das Metall, sondern «repräsentiert» oder trägt den Wert, den man ihm zuschreibt.

2 Dies bezieht sich (vermutlich) auf Carl Fredrik Scheffers Publikation *Tankar om Sweriges närwarande tilstånd, i anseende, til wälmåga och rikedom* (Gedanken zur aktuellen Lage Schwedens in Bezug auf Wohlstand und Reichtum), die 1761 erschien und in der Wochenzeitschrift *Lärda Tidningar* am 9. 4. 1761 besprochen wurde. Im Laufe des Jahres gab dieses Werk Anlass zu drei polemischen Erwiderungen, von denen Anders Nordencrantz (1697-1772), ebenfalls ein Frühliberaler, zwei schrieb.

Anders Chydenius

Dass es in der Bevölkerung Misstrauen gegen repräsentative Gelder gibt, kann niemand leugnen, der nicht in Gesellschaft seiner Mitbürger Augen und Ohren verschließen möchte oder sonst, während er beide offenhält, schwören würde, dass er nichts sieht und nichts hört. Dieses Misstrauen schafft den Grund für eine allgemeine Unzufriedenheit, und die Unzufriedenheit gibt Anlass zu viel Lärm und Unruhe im Staatswesen, das sich erst dann vollständig entspannen kann, wenn sich jedes einzelne Mitglied wohlfühlt.

Das repräsentative Geld ist nichts anderes als eine von der Bank der Stände[1] angebotene Bestätigung, dass ihr Besitzer dort so und so viele Daler in Münzgeld oder Geld deponiert hat, die er zu seiner eigenen Bequemlichkeit und der anderer zur sicheren Aufbewahrung in der Bank zu lassen bereit ist, bis er es für nützlich und notwendig hält, sein Geld von dort abzuheben. Bei dem repräsentativen Geld handelt es sich also nicht um tatsächliches Geld, sondern um Schuldscheine der Bank für Geld. Das Bargeld, das im Tausch gegen solche Scheine ausgehändigt wird, ist daher weder Eigentum

---

[1] Im Königreich Schweden wurden im 18. Jahrhundert unregelmäßig etwa alle drei bis sechs Jahre ein Reichstag abgehalten, auf dem Vertreter der Stände — Adel, Priester, Bürger, Bauern — zusammenkamen. Die Bank der Stände ist die schwedische Reichsbank (Sveriges Riksbank, 1688 gegründet), die älteste noch existierende Zentralbank der Welt. Die Riksbank war in ihrer Frühzeit bemerkenswert unabhängig von der Monarchie — sie wurde vom Riksdag kontrolliert — und spiegelte damit die relative Macht der Stände wider (Ständernas bank). Auch hier führte die politische Kontrolle und Einflussnahme zu einer inflationären Geldpolitik. Der Reichstag von 1865/66 geriet zu einer Generalabrechnung mit der Politik der dirigistischen «Hüte» und ihren Profiteuren, die Chydenius scharf attackierte und infolge seiner Forderung nach einem Systemwechsel im Geldwesen vom Reichstag ausgeschlossen wurde.

der Bank, noch der Krone, noch der öffentlichen Hand, sondern gehört jeder Privatperson, welche einen der Scheine der Bank besitzt.

Die Bank wird also nicht deshalb Ständebank genannt, weil die in Stockholm versammelten Abgeordneten der Stände ihre Eigentümer sind, sondern weil die Mehrheit von ihnen, das heißt drei Stände, für ihre Sicherheit bürgt, sodass ein Privatmann, der es wagen mag, sein Geld dort zu deponieren, die Gewissheit haben soll, dass es dort zu seinem Nutzen aufbewahrt wird, solange er es wünscht, und dass es auf Verlangen ohne die geringste Schwierigkeit herausgegeben wird. Es steht diesen Abgeordneten daher um so weniger frei, die Bank als die ihrige zu betrachten und ihre Verwaltung geheim zu halten, als sie vielmehr in Anbetracht ihrer Bürgschaft jedem Privaten für die Einzahlung seines Geldes und die Nichtauszahlung desselben Rechenschaft ablegen und auch als Bürgen in einer so wichtigen Angelegenheit jedem Privaten, der in diesem Fall als Auftraggeber zu betrachten ist, vollen Schadenersatz leisten oder wenigstens einen geschädigten Bürger vor ein Gericht bringen müssen, wo er das Geld, das er bei der Bank eingezahlt hat, zurückerhalten kann.

Die Schuldscheine wurden von der Bevölkerung zunächst aus denselben Gründen verdächtigt wie zuvor die Münzmarken und Staatsanleihen.[1] Denn die Grund-

---

1 Bei den *Münzmarken* handelte es sich um Münzen, deren Nennwert den Metallwert überstieg und die nicht entsprechend ihrem Nennwert vom Staat eingelöst wurden; hier bezieht sich Chydenius auf das 1715-1719 ausgegebene Münzgeld. Mit *Staatsanleihen* meint Chydenius hier wahrscheinlich die 1716-1717 ausgegebenen Anleihen, die stärker an Wert verloren als das Münzgeld. Ab 1719 wurden beide für die Hälfte ihres Nennwerts zurückgekauft.

lage der Institution selbst war ihnen unbekannt. War es denn unvernünftig, einer Währung zu misstrauen, die sie eindeutig als wertlos erkennen konnten, wenn sie sich noch an die beträchtlichen Verluste erinnerten, die sie zuvor durch solche Währungen mit geringem oder gar keinem Wert erlitten hatten? Auch konnte keine öffentliche Ankündigung jemanden davon überzeugen, dass Münzgeld entgegen seiner eigenen Erfahrung immer auf Nachfrage verfügbar sein würde. Es war diese Erfahrung, die kurz nach der Einführung der Banknoten die Vorliebe für repräsentatives Geld so sehr verstärkte, dass die Nachfrage nach Münzgeld gering war, außer bei denjenigen, die in der Lage waren, ein gewisses Kapital zu akkumulieren, und die nicht zu Unrecht das repräsentative Geld als weniger geeignet für diesen Zweck ansahen als Münzgeld, da es leichter durch Feuer und Wasser beschädigt werden konnte und oft leichter von Dieben erbeutet wurde. Nichtsdestotrotz wurde eine große Menge an Kleingeld benötigt, um den Handel aufrechtzuerhalten, ebenso wie der freie Zugang jedes Einzelnen zu anderem Geld, das wohlgemerkt sein eigenes ist, das er durch seine Arbeit und seine Waren verdient hat. Fehlt es an ersterem, so kommt der regelmäßige Kreislauf des Handels in einem Gemeinwesen zum Stillstand, der ebenso notwendig ist wie der des Blutes in unserem Gemeinwesen.[1] Wird der letztere eingeschränkt, so wird ein wirtschaftlich akti-

---

[1] MvP: Das gravierende Problem mangelnden Münzgeldes für Alltagsgeschäfte hat in England zu einer bemerkenswerten, erfolgreichen privaten Münzprägung in großem Umfang geführt, ausführlich analysiert und beschrieben von George Selgin in: *Good Money: Birmingham Button Makers, the Royal Mint, and the Beginnings of Modern Coinage, 1775-1821*.

ver Bürger des Einkommens beraubt, das ihm für seine Ware versprochen wurde, wenn er sie haben möchte, und er ist gezwungen, sich mit Schuldscheinen als Vorauszahlung für Münzgeld zu begnügen. Wenn der Verkäufer aus Bequemlichkeit lieber repräsentatives Geld als Münzgeld verlangt, ist das für ihn sehr nützlich. Verlangt er jedoch eine Zahlung in Münzgeld und ist gezwungen, das repräsentative Geld zu akzeptieren, so handelt es sich lediglich um ein Darlehen, das die Bank entweder nicht einlösen kann oder will, obwohl sie sich durch die Bescheinigung verpflichtet, dies zu einem späteren Zeitpunkt bedingungslos zu tun.

Wenn nun ein Verkäufer nicht in der Lage ist, für eine verkäufliche Ware auf Zahlung in Münzgeld zu bestehen, sondern gegen seinen Willen gezwungen ist, eine Bürgschaft anzunehmen, so stellt dies an sich schon eine große Einschränkung dar, und sollte er mit jemandem Geschäfte machen, der die Zuverlässigkeit des Bürgen in Frage stellt, so muss er als geldlos angesehen werden und ist sofort unfähig, mit einem Ausländer Geschäfte zu machen, weil ihm die Waren fehlen, es sei denn, er ist bereit, den Wechsel zu einem um hundertfünfzig Prozent überhöhten Preis bei denjenigen einzutauschen, die sich in den Besitz all dessen gebracht haben, was die Öffentlichkeit verloren hat, und die daher völlig frei sind, ohne Einmischung anderer, den Wert des Geldes willkürlich zu erhöhen. Bringt er die Anleihe nach einem Jahr oder mehr zur Bank und verlangt ihre Einlösung in Bargeld und wird ihm diese verweigert, und die Anleihe wird nur erneuert, wenn sie abgenutzt ist, so wird der Zwang zweifellos noch größer; tut er dies aber 5, 6, 8 oder bis zu 20 Mal, ohne

Anders Chydenius

sie in Bargeld eingelöst zu bekommen, abgesehen davon, dass er von Zeit zu Zeit mit etwas Kleingeld entschädigt wird, und hört er auch noch um sich herum, dass andere die gleichen Erfahrungen gemacht haben wie er, so muss er völlig verwirrt werden.

Ist es dann unbegründet, dass er der Anleihe misstraut, die niemand einlösen wird und für die niemand die Verantwortung für ihn übernimmt?

Solche Schuldverschreibungen müssen dann auch im Wert gegenüber dem Bargeld sinken, oder, was dasselbe ist, der Preis der Waren, die für sie gekauft werden können, wird steigen, da sie wenig oder keine Sicherheit zu besitzen scheinen, die, wohlgemerkt, in nichts anderem besteht als in ihrer sofortigen und bedingungslosen Rückzahlung.

Und da die Bank keine Person ist, obwohl sie von Personen verwaltet wird, sondern ein Fonds ist, der aus dem Geld derjenigen besteht, die es aus Bequemlichkeit vorgezogen haben, Banknoten zu verwenden, und der für den Gebrauch aller eingerichtet wurde, so hängt der Kredit dieses Fonds auch davon ab, dass jedermann vollkommene Kenntnis von der gesamten Einrichtung hat, vom Gesamtumfang des Fonds, von der Anzahl und dem Wert der von ihr ausgegebenen Schuldverschreibungen und davon, ob sie durch Geld, Grundstücke, Häuser oder Aktien gesichert sind; von wem, auf welche Weise und gegen welches Entgelt sie verwaltet wird; von ihrem Gewinn oder ihrem Saldo und so weiter. Solche Angaben sollen in kurzer und verständlicher Form der Öffentlichkeit zugänglich gemacht werden, was aber für sich genommen noch nicht von Bedeutung wäre, denn das alles kann leicht aufgeschrieben werden, ob es nun der Wahrheit entspricht oder nicht. Stattdessen sollte jedem ehrlichen Bürger, der nachweisen kann, dass er 10 bis 12 000 Daler deponiert hat, freier Zugang gewährt werden, um mit eigenen Augen zu sehen, wie es wirklich um alles bestellt ist.

Es reicht auch keineswegs aus, dass einige Vertreter während der Reichstagssitzungen diesem Fonds gelegentlich etwas Aufmerksamkeit schenken. Es sind nur wenige, und sie sind mit anderen Geschäften so überlastet, dass sie keine Zeit haben, die betreffenden Geschäftsbücher zu prüfen, und sie sind überdies der Gefahr ausgesetzt, sich bestechen zu lassen. Denn es ist gewiss eine zu heikle Angelegenheit, das Privatvermögen von Millionen Menschen der Aufsicht oder Prüfung einiger weniger Personen aus jedem Stande anzuvertrauen, zumal die Öffentlichkeit von ihren Abgeordneten noch nie über die wirklichen Verhältnisse unterrichtet worden ist, wobei die Schwierigkeit für die Mitglieder des Reichstages noch dadurch erhöht wird, dass viel zu wenige von ihnen die eigentliche Institution mit ihren Praktiken und Missbräuchen gründlich kennen und daher gezwungen sind, zu akzeptieren, was ihnen von den Verwaltern gesagt wird.

Es sollte daher niemanden überraschen, dass die Unzufriedenheit der Öffentlichkeit unerbittlich wird, wenn der Bürger seines Geldes und seiner Güter beraubt wird, ohne dass ihm gesagt wird, wo sie untergebracht sind, wie sie verwaltet werden und ob sie ihm jemals wieder zur Verfügung stehen werden, während er aus Angst, als Aufwiegler angesehen zu werden, gezwungen ist, im Gegenzug für alles Münzgeld, das er besitzen mag, ein paar Blätter Papier mit nicht eingelösten Verpflichtungen zu akzeptieren und darauf zu vertrauen hat, dass sie allem entsprechen, was er verloren hat.

Dies sind die Gedanken, die mir zu diesem Thema gekommen sind. Ich bin keineswegs überzeugt von ihnen, aber ich kann sie nicht widerlegen.

3
Ob die Verteilung der Bediensteten durch Auslosung oder eine andere bedingungslose Methode und ein fester Lohn für die Bediensteten mit unseren grundlegenden Gesetzen vereinbar, moralisch gerecht und nützlich für das Land sind?

Die Freiheit eines glücklichen Landes besteht keineswegs darin, dass der eine oder andere Bürger besondere Privilegien genießt, während andere in irgendeiner Form von Knechtschaft arbeiten; sondern wenn der niedrigste Untertan in einer Gesellschaft unter einer guten Regierung in der Lage ist, sowohl sein eigenes als auch das öffentliche Wohl ebenso frei zu verfolgen wie der vornehmste, dann erst sollte sie Freiheit genannt werden. Und da eine solche gemeinsame Freiheit der Bürger das Hauptziel unserer geheiligten Grundgesetze ist, sollte alles, was dagegen verstößt, als Verletzung der Verfassung selbst angesehen werden.

Diejenigen, die Jahr für Jahr eine große Anzahl von Bediensteten benötigen und täglich mit so großen Schwierigkeiten konfrontiert sind, sowohl hinsichtlich ihrer Beschaffung — zum Teil aufgrund eines erheblichen Bevölkerungsmangels, zum Teil aber auch aufgrund einer solchen Behandlung der Bediensteten, dass sie, wann immer eine andere Beschäftigung verfügbar ist, dazu neigen, diesen Herrn zu meiden — als auch hinsichtlich ihrer Bezahlung, da die Löhne in 20 Jahren auf das Zwei- oder Dreifache ihres früheren Niveaus gestiegen sind, haben diese Leute, wie ich sage, in letzter Zeit viel Aufmerksamkeit auf die Beseitigung dieser großen Schwierigkeiten gerichtet. Zu diesem Zweck sind auch einige Vorschläge[1] gemacht worden, die die Verteilung der Bediensteten durch eine Lotterie, den Erlass eines festen Lohns und andere Dinge betreffen.

Es ist wahr, dass, wenn der Vorschlag, die Bediensteten durch eine Lotterie oder eine andere bedingungslose Verteilungsmethode zu übertragen, angenommen würde, jeder Dienstherr ziemlich sicher sein könnte, nicht völlig ohne Bedienstete zu sein, solange es welche gibt, die ausgelost werden können. Es ist auch wahr, dass, wenn das Dekret über einen festen Lohn für sie jemals durchgesetzt werden könnte, dies unter solchen Umständen geschehen würde. Ob damit aber überhaupt und auf die Dauer etwas gewonnen wäre, ist eine andere Frage, oder ob nicht aus diesem Pflaster auf einer so alten Wunde ein bösartiges Krebsgeschwür in den Eingeweiden des Staates entstehen könnte, von dem man vielleicht erst erfährt, wenn es schon weitgehend zerstört ist.

Die Diener sind in der Tat ebenso sehr schwedische

---

[1] Eine Bezugnahme auf das durch Johan Kraftman vorgeschlagene Losverfahren für Bedienstete. Es wurde in den 1750er Jahren von vielen Publizisten unterstützt. Chydenius bezieht sich hier möglicherweise auf Kraftmans *Tankar om den wanmagt uti hwilken finska landtman sig befinner* («Gedanken über die verzweifelte Lage, in der das finnische Volk sich befindet»), in dem er den Vorschlag wiederholt. Kraftmans Essay erschien Ende Juni 1761. Bereits im April desselben Jahres hatte Efraim Otto Runeberg seine Veröffentlichung *Nödige påminnelser wid tjenstehjons-stadgan* («Nötige Hinweise zum Statut der Bediensteten») herausgegeben.

Untertanen wie wir ihre Herren. Ihr Dienst oder ihre Arbeit ist nichts anderes als eine Ware, die sie zu ihrem eigenen und zum Nutzen der Allgemeinheit zum Verkauf anbieten; denn gerade deshalb können die Herren ihre Waren vermehren. Bei uns genießt jeder Verkäufer die Freiheit, seine Ware, wenn nicht an jedermann, so doch wenigstens an eine Anzahl von Personen zu verkaufen, mit denen er nach Belieben Geschäfte machen will. Es steht ihm auch frei, den Preis für die Ware selbst festzusetzen und sich mit dem Käufer darüber zu verständigen, außer bei bestimmten Zöllen, die entweder jährlich oder monatlich geändert werden, wobei ich mich hier nicht dazu äußern will, inwieweit sie eingehalten werden oder ob sie dem Lande wirklich zugute kommen. Aber dass ein Diener,

1. nicht selbst seine Ware behalten kann, sondern
2. verpflichtet ist, sie an jemanden zu verkaufen, der zufällig ausgewählt wurde, und außerdem
3. zu einem Preis, den der Käufer selbst festlegt — denn, wohlgemerkt, die Diener haben keinen Anteil an der gesetzgebenden Gewalt —,

dies nenne ich in einer freien Nation mit gutem Grund Knechtschaft.

Es wäre noch annehmbar, wenn dieses Geschäft so schnell abgewickelt würde, wie eine ganze Schiffsladung Waren verkauft werden kann, aber darüber hinaus gezwungen zu sein, sich ein ganzes Jahr lang mit seinem Pflichtkäufer auseinanderzusetzen, muss einen Menschen zutiefst unglücklich machen, weshalb ich auch viele kenne, die lieber ein ganzes Jahresgehalt verloren haben, als sich einem harten und erzwungenen Joch zu unterwerfen.

Der natürliche Freiheitsdrang ist sicherlich zu groß, um durch einen solchen Zwang ausgelöscht zu werden. Er kann eine Zeit lang unterdrückt werden, aber er wird sich umso stärker und unangenehmer für das ganze Land äußern, als viele es sich vorstellen können.

Gegen die Auswanderung von Menschen aus dem Lande sind strenge Verbote erlassen worden, die noch verschärft werden könnten, und zu ihrer Durchsetzung könnte eine große Zahl von Inspektoren auf öffentliche Kosten unterhalten werden, und doch würden wir zweifellos immer noch das Ärgernis hinnehmen müssen, englische und holländische Schiffe zu sehen, die größtenteils mit schwedisch stämmigen Besatzungen bemannt sind. Sollte der Zwang für schwedische Untertanen verschärft werden, so werden sie umso eher unter einem freizügigeren Regime den Weg in die Freiheit finden, zumal solange durch die Heuerbörse für Seeleute[1] in Stockholm ein breiter Weg dafür offensteht. Diesen mit wirksamen Schranken zu schließen, muss eine der dringendsten Verwaltungsaufgaben sein, die die Zentralregierung in Betracht zieht.

Wenn die Holländer und die Engländer verwirrt sind, wenn sie den Eifer der Portugiesen sehen, das Handwerk und den Handel in ihrem Königreich zu fördern, bin ich sicher, dass sie im Gegenteil etwas ironisch über ein solch serviles System in Schweden lächeln werden.

---

[1] «Siömans contoiret»: wurden 1748 eingerichtet; neben Arbeitsvermittlung hatten sie auch weitere soziale Angebote. Chydenius will mit der Erwähnung auf etwas anderes hinaus, nämlich zwei Möglichkeiten für schwedische Untertanen aufzeigen, ihr Land zu verlassen. Einerseits konnten sie auf fremden Schiffen anheuern und auf diese Weise ihren Lebensunterhalt verdienen, andererseits auf einem beliebigen Schiff anheuern und fliehen, sobald das Schiff einen fremden Hafen anlief.

Nein! Wir sollten uns nicht um eines geringen Gewinns willen auf solch ein selbstzerstörerisches Unterfangen einlassen. Lassen Sie uns zuerst, zusammen mit der Hingabe an Gott, die Liebe zum Vaterland in den Herzen unserer Bürger einpflanzen. Und da die Mehrheit glaubt, dass *patria est ubi bene est*,[1] so lasst uns zuerst ihr Wohlbefinden, ihr Vergnügen und ihre rechtmäßige Freiheit fördern, die nicht auf dem Genuss von Lastern beruht, und wir werden dann umso sicherer unser Ziel erreichen. Gehen wir in dieser Hinsicht so weit, dass wir, wenn es möglich ist, einen Teil der Ausreißer zur Rückkehr bewegen können, wenn wir die Ausländer nicht dazu bewegen können, hierher zu ziehen. Ermutigen wir sie, zu heiraten, erlauben wir ihnen, in Hütten auf unserem Grundstück zu leben und für jedes Kind, das sie aufziehen, eine öffentliche Unterstützung zu erhalten. Lassen Sie uns persönlich eines oder mehrere ihrer Kinder unterstützen, damit sie für uns und andere Dienstleistungen erbringen. Wenn sie uns dienen, sollten wir Liebe, Geduld und Sanftmut walten lassen und uns nicht wie Tyrannen verhalten.

Je notwendiger eine Ware ist und je geringer das Angebot, desto höher wird ihr Preis steigen. Aber je teurer eine Ware an einem Ort ist, desto größer ist der Zustrom dieser Ware aus anderen Orten, die ohne sie auskommen können.

Die hohen Löhne für die Bediensteten sind also nicht ganz schuld, denn sie sind auf ihre Weise ein wirksames

---

[1] «Das Vaterland ist dort, wo es gut ist.» Der Sinnspruch geht auf Cicero zurück, der ihn in seinen *Disputationes Tusculanae* 5,37 aus Pacuvius' Tragödie *Teucer* zitiert; er hat darüber hinaus auch eine Entsprechung in der Komödie *Plutos* von Aristophanes.

Mittel, um den Mangel an Arbeitskräften in einem Land auszugleichen.

Es stellt sich aber auch die dringende Frage, ob die Verbote dem Wohlstand der gesamten Gesellschaft dienen, indem sie die Bewohner einer Provinz daran hindern, den Mangel an Menschen in einer anderen zu beheben, auch wenn sie mangels Unternehmungsgeist und Einkommen ihre Zeit lieber mit Müßiggang verbringen, als an einem angeblichen Entwicklungsprojekt zu arbeiten, für das es noch keine Anreize gibt.

In einem gesunden Körper befördert das Herz den größten Teil des Blutes zu den Gliedmaßen, wo es am meisten gebraucht wird, und sorgt immer dafür, dass alle Gliedmaßen, egal ob der Körper zu viel oder zu wenig Blut enthält, eine proportionale Menge erhalten, und wenn das nicht geschieht, wird eine Gliedmaße bald kraftlos werden, wenn der ganze Körper kränklich wird. Wenn aber jemand, der mit dem Wohlergehen des Landes betraut ist, Industrien ausfindig machen könnte, die die Bewohner eines Landes dazu bringen, dort zu bleiben und die Möglichkeiten anderswo zu ignorieren, dann müsste er die Strafe für Ausreißer nicht erhöhen, könnte das Verbot ganz aufheben und würde die Menschen trotzdem dort halten. Andernfalls wird er wahrscheinlich feststellen, dass alle Bemühungen um dieses Ziel vergeblich sind.

Die Festlegung eines festen Preises oder Jahreslohns für Bedienstete erscheint mir zu unvernünftig. Denn

1. unterscheiden sich die Arbeitskräfte in Bezug auf Körperkraft, Neigung, Geschicklichkeit, Treue und Tugend erheblich, so wie sich Waren im Wert unter-

scheiden. Zum Beispiel unterscheiden sich zwei gleichaltrige Landarbeiter oft so sehr in ihrer Kraft, dass der eine eine Last von 4 Steinen tragen kann, während der andere 12 Steine tragen kann. Wenn sie gleich fleißig sind, ist es klar, dass, wenn der eine einen Lohn von 4 Dalern verdient, der andere Anspruch auf 12 hat. Wenn aber der eine langsam und der andere schnell arbeitet, so dass er immer 2 Lasten für jede Last des einen trägt, obwohl keiner von beiden als faul bezeichnet werden kann, dann muss, wenn der eine 4 Daler erhält, der andere 24 erhalten. Ein Mann schneidet ½ Klafter Brennholz an einem Tag, während ich einen anderen drei schneiden sah. Der eine kann den ganzen Winter über kaum Zaunpfähle spalten und Brennholz hacken und verdient kaum mehr als sein Essen, während ein anderer Arbeiter in einer Werft oder auf einer Baustelle arbeitet und 600 Daler für seinen Herrn einbringt. Sollten sie dann den gleichen Lohn erhalten?

Wenn aber ein solcher Unterschied zwischen den Arbeitern halbiert und ein Mittelwert zwischen den Verdiensten beider gebildet wird, um einen bestimmten Lohn für einen Knecht zu erhalten, ist es klar, dass der eine zu viel und der andere zu wenig erhält. Das ist keineswegs eine Lappalie, sondern so sicher, wie die Festsetzung eines gleichen Preises für eine gute und eine mangelhafte Ware dazu führt, dass sich niemand um die Verbesserung der Ware kümmert und jeder, der eine Ware von guter Qualität hat, sich einen Händler sucht, der den vollen Wert seiner Ware bezahlt, ebenso sicher bedeutet ein solcher fester Lohn für Dienstboten, dass sich niemand um harte Arbeit und handwerkliche Fertigkeiten kümmern wird, und wer die Neigung und den Unternehmungsgeist hat, wird sich immer einen anderen Herrn an einem anderen Ort suchen können, der ihm mehr für seine Arbeit zahlt, während völlige Faulenzer zu Hause bleiben werden, zu welchem irreparablen Schaden für die Gemeinschaft und den Einzelnen man sich leicht vorstellen kann. Eine solche Regelung erscheint mir wie ein grobes Sieb, das die feinste und beste Erde durchlässt und Stöcke und Steine zurückhält.

Es sollte auch niemand glauben, dass irgendwelche Verbote der Auswanderung von Menschen dies zu verhindern vermögen. Die Erfahrung lehrt, dass Verbote in solch sensiblen Bereichen nichts bringen, wenn sie der allgemeinen Vorliebe, Neigung oder dem Gerechtigkeitsempfinden eines Volkes widersprechen. Sie sind Fesseln, die ständig überwacht werden müssen. Die Überwachung erfolgt durch freie Wächter. Die Wächter schlummern zumindest gelegentlich, und dann wird man sehen, dass diejenigen, für die die Fesseln bestimmt waren, sie abgeworfen und in großer Zahl ihre Freiheit gewonnen haben.

2. ist das Verhältnis des Wertes des Dalers zur Arbeit und zu den Gütern zwischen den einzelnen Orten und Zeiten zu unterschiedlich, denn an einem Ort kann ich für einen Daler Güter erhalten, die an einem anderen für fünf Daler nicht zu haben sind. Es wäre daher ebenso unsinnig, den Bediensteten an verschiedenen Orten denselben Jahreslohn zu zahlen, wie dem inneren Wert der genannten Waren einen festen Preis aufzuerlegen, da ihr innerer Wert unendlich variabel ist.

An ein und demselben Ort schwankt dieselbe Ware zu verschiedenen Zeiten nicht weniger, teils wegen der

Menge und Verfügbarkeit der Ware, teils auch wegen des spezifischen Wertes des Dalers, so dass das, was vor 20 Jahren einen Daler kostete, heute zwei oder mehr kostet. Wie unvernünftig wäre es dann nicht, den Knecht zu verpflichten, sich ohne Rücksicht auf einen dieser Faktoren immer mit demselben Dalerbetrag als Jahreslohn zu begnügen.

Ich kann mir vorstellen, dass die meisten Hausherren dagegen einwenden werden, die Freiheit der Knechte, zu dienen oder nicht, bei wem und für welchen Lohn sie wollen, würde zu einer Erhöhung des Jahreslohns führen, während Einjahresverträge eher selten werden würden und diejenigen, die viele Arbeitskräfte für ihre Landwirtschaft brauchen, zu kurz kämen; zumindest würde es die Arbeit, welche mit Tagelöhnern erledigt werden muss, unerträglich teuer machen.

Aber beachten Sie, lieber Herr! Die Zahl der Arbeiter im Lande würde durch diese Freiheit nicht verringert, sondern in kurzer Zeit durch die Förderung von Eheschließungen und den Verbleib derjenigen, die jetzt durch eine allzu beschränkte Freiheit gezwungen sind, wegzuziehen, beträchtlich erhöht werden. Sie würden gezwungen sein, ihren Lebensunterhalt durch Arbeit zu bestreiten, denn es gibt nirgendwo arbeitslose Berufe. Diejenigen, die dann lieber ganzjährig arbeiten wollen, werden so viel Jahreslohn verlangen, wie sie glauben, mit einem Tageslohn verdienen zu können, aber in Anbetracht der größeren Bequemlichkeit, Unterkunft und Verpflegung von jemand anderem gestellt zu bekommen und ein regelmäßiges Einkommen zu erhalten, dessen sich ein Tagelöhner nicht das ganze Jahr über sicher sein kann, werden sie viel weniger verlangen, was wahrscheinlich kaum mehr als der derzeitige Jahreslohn sein wird, wenn man verschiedene Kleidungsstücke, zusammen mit Mietgebühren und anderen solchen Dingen, dazuzählt. Diejenigen wiederum, die ihren Lebensunterhalt lieber mit Tagelöhnen verdienen, werden vor allem in der ersten Zeit die Mehrheit bilden und auch in Zukunft weitaus zahlreicher sein als heute.

Es gibt verhältnismäßig wenige, die durch allerlei zufällige Umstände gegenwärtig in den Genuß der vorgeschlagenen Freiheit kommen und damit faktisch Monopolisten sind, die zu Zeiten, in denen ihre Arbeitskraft gefragt ist, den Preis für ihre Arbeitskraft willkürlich so hoch anheben können, wie sie wollen; aber wenn sie sich vermehren, wird ihre Arbeitskraft unweigerlich auf den ihr innewohnenden Wert im freien Austausch fallen, wie jede andere Ware, wenn sie dem Zugriff der Monopolisten entronnen ist, und im Verhältnis zur Senkung des Tageslohns wird auch der Jahreslohn unweigerlich sinken. Sollte der Tageslohn dennoch in bestimmten Erntezeiten etwas steigen, so hat niemand mehr Grund, darüber zu klagen als über die Verteuerung anderer Waren, denn der Verbrauch der Arbeit ist beträchtlich und ihr Nutzen mannigfaltig. Denn oft ist es für den Hausherrn vorteilhafter, während einer Erntezeit teuer angeworbene Arbeiter einzusetzen, als in der übrigen Zeit, in der die Arbeit weniger einträglich ist, eine große Zahl überflüssiger Leute zu unterhalten.

Es ist auch vergeblich, das Los als die unparteiischste Methode der Verteilung von Dienern zu verkünden, da es sowohl die Herren als auch die Diener derselben Zufälligkeit unterwirft, denn jeder wird bei der geringsten

Überlegung feststellen, dass die Freiheit beider dadurch verloren geht und nur diejenigen profitieren, denen niemand mehr wegen ihrer Gemeinheit dienen will. Denn so unzufrieden ein Diener mit einem brutalen Herrn wäre, so wenig wäre auch einem anständigen Herrn gedient, wenn der blinde Zufall ihm eine Anzahl von Verschwendern auferlegte, die seine Nahrung verzehren, ihren Lohn erhalten und seine Arbeit vernachlässigen.

Diese gut gemeinten Vorstellungen geben jedem auch Gelegenheit zu prüfen, inwieweit die Verteilung von Dienstboten durch eine Lotterie oder eine andere zwingende Verteilungsmethode sowie ein gewisser Lohn mit der Freiheit eines ehrlichen Bürgers und folglich mit unseren feierlich ratifizierten Grundgesetzen vereinbar sein kann; ob sie in irgendeiner Weise als moralisch vernünftig angesehen werden kann; und ob das Land von ihr jenen Vorteil erwarten kann, auf den viele sich selbst und andere, geblendet von einem falschen Eigeninteresse, einschmeicheln könnten, nämlich den, dass sie genauso berechtigt sind wie jeder andere, unabhängig von ihrer Behandlung der Bediensteten, sie zu einem recht angemessenen Preis zu erhalten.

Daraus kann man auch schließen, auf welche Grundlage das Dienstbotengesetz gestellt werden sollte, wenn man auch in Zukunft einen guten Bestand an Dienstboten haben will und wenn sie als produktive Mitglieder der Gesellschaft nicht mit Verachtung betrachtet werden sollen, sondern als das wertvollste Gut des Reiches auf das zärtlichste gepflegt und mit jeder erdenklichen Erleichterung und rechtmäßigen Freiheit während ihrer schweren und mühsamen Arbeit für unsere Bequemlichkeit gerecht versorgt werden sollten.

DER NATIONALE GEWINN
1765

Zusammenfassung

In dem 1765 veröffentlichten Traktat «Den Nationnale Winsten» — «Der nationale Gewinn» — von Anders Chydenius werden Grundlagen für wirtschaftliche Vernunft und Freiheit gelegt und freie Märkte befürwortet. Chydenius argumentiert, dass individuelle Freiheit, wirtschaftliche Selbstbestimmung und Arbeitsteilung essenziell für den Wohlstand einer Nation sind. Er kritisiert den damals vorherrschenden Merkantilismus und staatliche Eingriffe wie Exportsubventionen und Handelsbeschränkungen, da sie den natürlichen wirtschaftlichen Austausch behindern und somit dem nationalen Gewinn schaden.

Chydenius kritisiert staatliche Handelsbeschränkungen wie das «Product-Placat», weil sie den Wettbewerb verzerren und sowohl Produzenten als auch Konsumenten schaden. Import- und Exportkontrollen, Zunftprivilegien und Monopole kommen nur einer kleinen Elite zugute, während die Gesamtwirtschaft und vor allem die Bürger darunter leiden.

Ein zentrales Konzept in Chydenius' Argumentation ist die Idee, dass jeder Mensch von Natur aus bestrebt ist, seinen eigenen Vorteil zu verfolgen, was letztlich auch dem Gemeinwohl dient. Dieses Prinzip, das später als «unsichtbare Hand» bekannt wurde, deutet er in seinem Text an, lange bevor Adam Smith diesen Begriff lediglich beiläufig verwandte, der heute aber so viel Popularität erlangt hat.

Zugleich betont Chydenius die Bedeutung der einfachen Bürger als produktive Kräfte der Gesellschaft. Ein freier Markt, in dem Bauern, Handwerker und Händler ohne künstliche Beschränkungen agieren können, führt dementsprechend zu höherer Produktivität und somit zu mehr Wohlstand für alle.

Chydenius plädiert für die Abschaffung von Monopolen und Zunftsystemen, da sie Innovation und Wettbewerb einschränken. Er setzt sich für die Freiheit des Handels und der Industrie ein, wobei er betont, dass solche Freiheiten nicht nur den Wohlstand erhöhen, sondern auch soziale Ungleichheiten verringern können.

Chydenius argumentiert, dass wirtschaftliche Freiheit auch politische Stabilität fördert. Wo der Staat zu sehr in die Wirtschaft eingreift, entstehen Ungleichheiten und Korruption. In diesem Sinne ist der nationale Gewinn nicht nur materieller Wohlstand, sondern dient auch einer gerechteren, freieren Gesellschaft.

Einordnendes Fazit

Anders Chydenius versteht unter dem nationalen Gewinn nicht nur den wirtschaftlichen Reichtum eines Landes, sondern den gesamtgesellschaftlichen Wohlstand, der aus der freien Entfaltung von Handel, Arbeit und Unternehmertum, aus der Freiheit jedes Einzelnen, seinen wirtschaftlichen Interessen nachzugehen, resultiert.

Von seinem Text führt keine direkte Linie zu den liberalen Denkern und Autoren, die als Klassiker bekannt wurden. Zugleich wird deutlich, dass freiheitliches Denken in weiten Teilen Europas Fürsprecher besaß.

Es lohnt sich, als Leser etwas Zeit zu nehmen und sich auf den Text einzulassen, ihn vielleicht mehrfach zu lesen. Erst dann entfaltet er seine Kraft und bietet in einer schnelllebigen Zeit zeitlose Einsichten.

DER NATIONALE GEWINN

Respektvoll präsentiert an die ehrenwerten Stände des Reiches von einem ihrer Mitglieder.
Stockholm, veröffentlicht von Direktor Lars Salvius, 1765.
Imprimatur Niclas von Oelreich.

§1

Dass jede einzelne Nation Gewinn[1] als Hauptziel ihrer wirtschaftlichen und politischen Regelungen verfolgt, ist unbestreitbar, aber wenn wir die Mittel betrachten, die jede Nation gewählt hat, um dies zu erreichen, stellen wir eine unglaubliche Vielfalt fest.

Alle wetteifern darum, die Ersten zu sein, sie nehmen jedoch unterschiedliche Kurse und setzen ganz unterschiedliche Segel, obwohl alle praktisch dem gleichen Wind ausgesetzt sind.

Sie kämpfen gegeneinander um die Position in Luv und wenden bestimmte nautische Taktiken an, um einander zu behindern, obwohl sie genug Platz und Tiefe haben, um nebeneinander zu segeln. Es sieht so aus, als ob manchmal das eine und manchmal das andere Schiff ohne Lotse oder Steuermann segelte.

Hierbei sind sie unbestreitbar von unterschiedlichen Faktoren abhängig. Entweder sind ihre Kompasse irreführend oder ihre Karten fehlerhaft.

Hier wird dem Leser ein neuer Leitfaden vorgestellt. Er ist recht klein, sodass ihn jeder in der Tasche tragen

---

[1] MvP: Eine Gesamtschau des Textes lässt den Schluss zu, dass mit *nationaler Gewinn* weniger ein Exportüberschuss als vielmehr Wohlstand gemeint ist.

kann. Er ist auch neu, würde ich sagen, denn er stimmt kaum mit anderen in Europa überein. Ich glaube auch, dass er genau ist, da ich versucht habe, ihn auf der Grundlage von Vernunft und Erfahrung zu konstruieren. Lassen Sie uns zunächst unsere Bedingungen vereinbaren.

§ 2

Eine Nation ist eine Vielzahl von Menschen, die sich unter dem Schutz der souveränen Macht und mit Hilfe von Beamten zusammengeschlossen haben, um ihr eigenes Wohlergehen und das ihrer Nachkommen zu verfolgen.

Menschen fühlen sich dann wohl, wenn sie über das Nötigste und ihnen Angenehme verfügen, was im allgemeinen Sprachgebrauch als Güter bezeichnet wird. Die Natur erzeugt diese, aber ohne Arbeit werden sie uns nie nützlich sein.

Unsere Bedürfnisse sind vielfältig, und niemand ist in der Lage, sich auch nur das Nötigste ohne die Hilfe anderer Menschen zu beschaffen, und es gibt kaum eine Nation, die nicht auf die Hilfe anderer angewiesen gewesen wäre. Der Allmächtige selbst hat unsere Spezies so geschaffen, dass wir zusammenarbeiten sollten. Sollte eine solche gegenseitige Unterstützung innerhalb oder außerhalb einer Nation behindert werden, widerspricht dies der Natur.

Wenn wir diese Waren untereinander austauschen, spricht man von Handel, und die Arten von Waren, die allgemein gewünscht und angenommen werden, sind Gold und Silber, von denen größere oder kleinere geprägte Teile als Geld bezeichnet werden, das zum Maßstab für den Wert anderer Waren wird.

Anders Chydenius

Keine Ware ist so beschaffen, dass sie nicht durch Handel in diese Metalle umgewandelt werden kann, noch kann eine Ware ohne diese Metalle beschafft werden, wenn keine anderen Waren vorhanden sind, die der Verkäufer wünscht; und der Geldbetrag, der für die Ware bezahlt werden muss, wird als ihr Wert bezeichnet.

Der Betrag, um den der Wert der exportierten Waren den der importierten übersteigt, wird zu Recht als Gewinn der Nation bezeichnet, und der Betrag, um den der Wert der importierten Waren den der exportierten übersteigt, stellt immer einen Verlust für die Nation dar.[1] Ein geringerer Verlust im Vergleich zu einem größeren wird jedoch relativ gesehen als Gewinn bezeichnet, und in gleicher Weise wird ein geringerer Gewinn, der erzielt wird, wenn ein größerer möglich ist, als Verlust bezeichnet.

§3

Wenn die Aussage in jeder Hinsicht wahr wäre, dass Schweden im vergangenen Jahr 1764 Waren im Wert von etwa 72 Millionen Daler kmt[2] exportierte, jedoch nur Waren im Wert von 66 Millionen importierte, dann

---

1 MvP: Dieses merkantilistische Denken herrscht bis heute vor, dabei verbessern importierte Güter die Lebenssituation der Bevölkerung direkt, während die Exporte Einnahmen generieren. Insgesamt steht der Handelsbilanz die Kapitalbilanz gegenüber — die Salden sind — *cun grano salis* — identisch umgekehrt.

2 «Daler»: waren eine Münzeinheit in Schweden, wie Mark und Øre, die 1523 unter Gustav I. Wasa mit der Unabhängigkeit eingeführt wurden, nicht identisch und nur ungenau übersetzt mit dem Wort Taler; kmt steht für *Kopparmynt*. Schweden hatte in dieser Zeit ein duales Währungssystem mit zwei Hauptwährungen: Silbermünzwährung (*Silvermynt*, abgekürzt smt) mit wertvolleren, standardisierten Münzen und Kupfermünzwährung (*Kopparmynt*, abgekürzt kmt), weniger wertvoll, geprägt aus Kupfer.

würde unser nationaler Gewinn für dieses Jahr sechs Millionen Daler betragen.

Von der Gesamtsumme unserer Exporte macht der Wert von Eisen fast zwei Drittel aus, aber nehmen wir an, dass der Export von Eisen innerhalb eines Jahrhunderts aufgrund einer Verringerung der Waldbestände oder aus anderen Gründen um die Hälfte zurückgegangen ist und somit nicht mehr als ein Drittel unserer Exporte ausmacht, während andere, wie Getreide, Proviant und Holz, anstelle des im Eisenhandel verlorenen Drittels exportiert wurden. Meine Frage ist, ob der nationale Gewinn nicht auf dem gleichen Niveau bleiben würde, wenn alle anderen exportierten und importierten Waren den gleichen Wert wie jetzt hätten. Oder sollte der Wert der Eisenexporte zu einem bestimmten Zeitpunkt um sechs Millionen Daler reduziert werden, aber die zehn Millionen, die im vergangenen Jahr für Getreide an Ausländer gezahlt wurden, stattdessen im Königreich verbleiben, hätte die Nation dann nicht immerhin vier Millionen durch diese Änderung gewonnen?

Wenn wir uns einen Staat vorstellen, der weder Landwirtschaft noch Bergbau, weder Viehzucht noch Schifffahrt besitzt, sondern nur eine große Menge an Steingut- oder Tongefäßen herstellt, die in ganz Europa gefragt sind, und dadurch nicht nur mit allen notwendigen Gütern versorgt wird, sondern auch jährlich zwei Millionen in Gold und Silber erhält, würden diese zwei Millionen dann nicht unbestreitbar einen Gewinn für diese Nation darstellen?

Wenn jedoch ein Drittel derselben Nation, dem Beispiel anderer folgend, diese Industrie aufgeben und Landwirt werden würde, um auf diese Weise Brot für sich und ihre Mitbürger zu erhalten, in der Überzeugung, dass sie dadurch mehr gewinnen würden, das Getreide aber eine Million weniger wert wäre als die frühere Produktion dieses Drittels, dann ist es klar, dass die Nation eine Million weniger Gewinn erwirtschaftet hat, oder, mit anderen Worten, einen Verlust in gleicher Höhe erlitten hat.

Dies macht deutlich, dass eine Nation nicht dadurch gewinnt, dass sie in vielen verschiedenen Branchen tätig ist, sondern durch die Beschäftigung in den Branchen, die am profitabelsten sind, d. h. in denen die geringste Anzahl von Menschen Waren von höchstem Wert produzieren kann.[1]

§ 4

Der Reichtum eines Volkes besteht also in der Menge seiner Produkte oder vielmehr in ihrem Wert, aber die Menge der Produkte hängt von zwei Hauptfaktoren ab, nämlich der Anzahl der Arbeiter und ihrem Fleiß.[2] Die Natur wird beides hervorbringen, wenn man sie ohne künstliche Einschränkungen arbeiten lässt.

Sollte der große Meister, der das Tal mit Blumen schmückt und selbst die Berggipfel mit Gras und Moos bedeckt, einen so großen Fehler bei den Menschen, seinem Meisterwerk, aufdecken, dass sie nicht in der Lage sein sollten, den Globus mit so vielen Einwohnern zu bevölkern, wie er ernähren kann? Es wäre niederträch-

---

1 MvP: Hier klingt das später von David Ricardo: *On the Principles of Political Economy and Taxation* (1817) bekannt gemachte Prinzip der komparativen (Kosten-) Vorteile an.

2 MvP: Diese (irrige) Arbeitswertlehre vertritt auch Adam Smith. Kapital und preiswerte Energie sowie die Wirtschaftsordnung beeinflussen den Wohlstand entscheidend.

tig von einem Heiden, so zu denken, aber gottlos von einem Christen, angesichts des Gebots des Allmächtigen: «Seid fruchtbar und vermehrt euch; vermehrt euch auf der Erde und vermehrt euch darin.»

Für die gefallene Menschheit war es eine Strafe, dass sie im Schweiße ihres Angesichts leben sollte, doch es war so eingerichtet, dass die Natur selbst sie auferlegte, da sie gezwungen war, dies zu tun, da sie sich bei ihren Bedürfnissen nur auf ihre eigenen Hände verlassen konnte; und die Mühe wurde durch die Gier erleichtert, da sie merkten, dass sie sich dadurch das Nötige aneignen konnten.

Wenn eines davon fehlen sollte, sollte der Fehler in den Gesetzen der Nation gesucht werden, allerdings nicht in einem tatsächlichen Mangel dieser Gesetze, sondern in den Hindernissen, die der Natur in den Weg gestellt werden.[1]

Wenn diese Gesetze die Bürger unfähig machen, sich und ihre Kinder zu ernähren, müssen sie und ihre Nachkommen entweder sterben oder ihr Heimatland verlassen. Je mehr Möglichkeiten die Gesetze einigen bieten, von der Arbeit anderer zu leben, und je mehr Hindernisse der Fähigkeit anderer in den Weg gestellt werden, sich durch ihre Arbeit selbst zu ernähren, desto mehr wird der Fleiß erstickt, und die Nation kann nicht anders, als das Abbild dessen zu sein, in das sie geformt wurde.[2]

---

[1] MvP: Das ist eine zentrale Argumentationsweise von Chydenius: Anti-interventionismus angesichts einer natürlichen Ordnung, die durch Selbstkoordination Wohlfahrt erzeugt.

[2] MvP: Das ist die damit korrespondierende Argumentation: Privilegien, Regulierung und das obrigkeitliche Setzen falscher Anreize sind kontraproduktiv.

§5

Wenn dies der Fall ist, möchte ich die folgende Hypothese aufstellen: jeder Einzelne wird von sich aus zu dem Ort und dem Unternehmen hingezogen, an dem er den nationalen Gewinn am effektivsten steigern kann, vorausgesetzt, die Gesetze hindern ihn nicht daran.

Jeder Einzelne strebt nach seinem eigenen Vorteil. Diese Neigung ist so natürlich und notwendig, dass jede Gesellschaft auf der Welt darauf basiert: Andernfalls gäbe es keine Gesetze, Strafen und Belohnungen und die gesamte Menschheit würde innerhalb kurzer Zeit vollständig zugrunde gehen. Die Arbeit wird immer am besten belohnt, die den größten Wert hat und am meisten nachgefragt wird.

Solange ich in einer Branche Waren für 6 Daler pro Tag herstellen kann, bin ich nicht bereit, mich in einer Branche zu engagieren, die 4 einbringt. In der ersteren ist der Gewinn sowohl für die Nation als auch für mich selbst ein Drittel höher als in der letzteren.

Wenn jemand durch öffentliche Subventionen gezwungen oder dazu verleitet wird, in einer anderen Branche zu arbeiten als in der, in der er den höchsten Lohn verdient — denn anders wird es nicht geschehen, genauso wenig wie ein Händler seine Ware unter dem aktuellen Preis verkaufen wird —, wird dies unweigerlich zu einem Verlust für die Nation führen.

Wenn die Person, deren Arbeit jemand anderes verrichten muss, so viel verdient, wie der Arbeiter verloren hat, ist dies für die Nation nicht rentabel. Verdient sie jedoch mehr, so stellt nur die Differenz einen Gewinn für die Nation dar, der jedoch durch die Unterdrückung der Bürger erzielt wird.

Es wird also offensichtlich, dass, wenn jemand ein Unternehmen mit der Arbeit anderer führt, aber weder so viel zahlt, wie die Arbeiter in einem anderen Geschäftszweig verdienen können, noch in der Lage ist, so viel zu zahlen, ohne einen Verlust zu erleiden, das Defizit in ihren Tageslöhnen einen Verlust für die Nation darstellen muss.

§6

Wenn beispielsweise eine Eisenhütte, die 2000 Schiffspfund[1] Schmiedeeisen pro Jahr produziert, hundert Bauern unterstellt sein sollte, die jeweils verpflichtet sind, jährlich 50 Tage Arbeit für die Hütte zu leisten, aber für 1 Daler kmt weniger, als sie verdienen könnten, wenn sie für sich selbst oder anderswo arbeiten würden, damit die Exportware mit einem gewissen Vorteil im Ausland verkauft werden kann, ist es klar, dass jeder Bauer somit 50 Daler kmt pro Jahr verliert oder mit anderen Worten, Waren im Wert von 50 Dalern weniger produziert als durch andere Arbeit, was einen Verlust von 5000 Dalern für die Nation bedeutet.

Wenn dieselbe Eisenhütte auch einige hundert ihr unterstellte Bauern hätte, die verpflichtet wären, sie mit der für ihren Betrieb benötigten Holzkohle zu versorgen, zum Beispiel 3500 Stigar,[2] entweder für eine früher

---

1 «Skeppund»: war eine historische Gewichtseinheit, die in Schweden und anderen nordischen Ländern vor allem im Handel und in der Schifffahrt verwendet wurde. Diese Einheit wurde für die Gewichtsmessung von Gütern wie Eisen, Kupfer und anderen Handelswaren verwendet, die per Schiff transportiert wurden. Ein Schiffspfund entsprach etwa 170 Kilogramm (später nach einer Standardisierung dann 136 Kilogramm).

2 «Stigar»: war eine schwedische Maßeinheit für Holzkohle, die speziell in der Eisenverhüttung genutzt wurde und deren Menge regional stark

vereinbarte Summe von Dalern oder für einen Betrag, den der Eigentümer der Werke zu zahlen bereit ist, z. B. 6 Daler kmt weniger für jeden Stig als sie auf andere Weise in der gleichen Zeit hätten verdienen können — selbst wenn der Eigentümer der Werke nicht mehr für diese Ware zahlen kann, wenn er das Eisen mit einem gewissen Gewinn im Ausland verkaufen will — aber die Bauern hätten dennoch während der Zeit, die sie mit der Herstellung der Holzkohle verbracht haben, den Verlust ausgleichen können, den sie bei jedem Stig Holzkohle erleiden, nämlich indem sie in der Landwirtschaft, im Handwerk und in der Weberei oder in einem anderen Geschäftszweig Waren für 21 000 Daler kmt mehr produzieren, wird es offensichtlich sein, dass der Verlust für die Nation dadurch um den gleichen Betrag erhöht wird. Wenn wir zusätzlich den fast unersetzlichen Verlust der besten Wälder des Königreichs hinzurechnen, die uns nach einiger Zeit mit allen Arten von Holzbearbeitungsmaterialien und Bauholz hätten versorgen können, wobei man für jeden großen Stig Holzkohle zehn Ladungen Feuerholz benötigt, dann sind 35 000 Fuhren Holz für diese 2 000 Schiffspfund Stabeisen erforderlich, von der Erzgewinnung aus der Mine bis zum Aushämmern des Eisens zu Stäben, was, wenn man nur 16 Øre pro Fuhre rechnet, den Verlust um 17 500 Daler erhöht, was einen Gesamtverlust von 43 500 Daler kmt ergibt.

Wenn diese 2 000 Schiffspfund zu einem Durchschnittspreis von 6 Riksdaler Banco[1] pro Schiffspfund

---

variieren konnte (0,5 bis 1 Kubikmeter oder 20 bis 40 Kubikfuß). Stigar ist der Plural von *stig* (Steig).

[1] «Riksdaler Banco»: war eine Form von Bankgeld, das von der Sveriges

ohne Frachtkosten verkauft würden und bei einem Wechselkurs von 80 Mark[1] 240 000 Kupferdaler einbringen würden, dann ist klar, dass mehr als ein Fünftel dieser Summe einen Verlust für die Nation darstellen wird, selbst wenn die gesamte Menge an Ausländer verkauft wird.

§ 7

Gold und Silber sind zwar die edelsten Metalle, erhöhen aber keineswegs immer den nationalen Gewinn, da sie aus dem Boden gewonnen werden müssen. Alle Handelswaren können gegen die Menge dieser Metalle eingetauscht werden, die ihrem Wert entspricht. Kein Dukat ist je so rot, dass er nicht noch zahlt für Brot, wie unsere Vorfahren zu sagen pflegten.[2]

Wäre es nicht vielleicht notwendig zu überlegen, ob die 38 Marker und 4 Lod[3] Gold und 5 464 Marker und ½ Lod Silber, die zwischen Anfang 1760 und Ende 1764 produziert wurden, den dafür aufgewendeten Kosten und der dafür eingesetzten Arbeit entsprechen, zusammen mit der Pacht mehrerer Pfarreien, die dafür vorgesehen waren, und anderen Dingen, oder ob nicht ein

---

Riksbank ausgegeben wurde und sich als buchmäßige Verrechnungseinheit für Überweisungen, Kredite, staatliche Zahlungen, die es nur in den Büchern der Riksbank (und auf deren Banknoten) gab, von der Riksdaler Specie, vom realen Münzgeld, unterscheidet.

1 «Mark»: war Rechnungseinheit und Restgröße früherer Währungen.

2 Auf Schwedisch lautet das Sprichwort: «Ej är en dukat så röd att den ej kan köpa något bröd.» Sinngemäß bedeutet es, dass eine selbst noch so abgenutzte, unansehnliche Münze immer noch Brot kaufen kann, also einen gewissen Wert behält.

3 «Lod»: war eine kleinere Maßeinheit, die vor allem im Alltag und in bestimmten Handwerken, z. B. der Juwelierkunst oder der Apothekerpraxis, verwendet wurde. Ein Lod entsprach etwa 13,3 Gramm.

Anders Chydenius

Vielfaches an Gold und Silber zum höchsten Wechselkurs hätte importiert werden können, ob ein solcher Patriotismus und die Liebe zu schwedischem Gold und Silber wirklich den nationalen Gewinn gesteigert haben oder ob sie nur in der Hoffnung auf eine höhere Rendite in der Zukunft subventioniert werden müssen?

Könnte es nicht auch sein, dass die Unzufriedenheit und Armut der Arbeiter und Landbewohner, die in und um die Eisenhütte leben und dort arbeiten müssen, ein Verlust für die Nation sind und dass sie ihre Zeit und Energie lieber für etwas nutzen würden, das für sie selbst und das Königreich nützlicher wäre?

Ich beziehe mich hier nicht auf jene Eisenhütten, die existieren, ohne Probleme für die Landbevölkerung und die Arbeiter zu verursachen; sie sind für das Königreich genauso wertvoll wie seine Landwirtschaft, sein Handel und seine Manufakturen.

§8

Daraus folgt, dass es für die souveräne Macht selbstverständlich unnötig ist, Gesetze zu erlassen, um Arbeitnehmer von einem Beruf in einen anderen zu versetzen.

Wie viele Politiker haben sich dennoch damit beschäftigt? Fast ganz Europa ist damit beschäftigt, Menschen durch Zwang oder Anreize aus ihren früheren Berufen zu entfernen und sie in andere zu versetzen. Sie rühmen sich, einen Gewinn für die Nation zu erwirtschaften, der dem Wert der neuen Produktion entspricht, und vergessen dabei meist, dass die zu diesem Zweck beschäftigten Arbeiter, wären sie frei gewesen, in ihrem früheren Beruf Waren von gleichem oder höherem Wert produziert hätten, so dass im ersten Fall kein Gewinn und im zweiten Fall ein tatsächlicher Verlust für die Nation entstanden wäre.

Wenn zehn Männer in einem Gewerbe Waren im Wert von 100 Dalern pro Tag herstellen, aber in einem anderen nicht mehr als 80, ist es klar, dass die Arbeit der zehn Männer in letzterem der Nation einen Verlust von 20 Dalern pro Tag verursacht. Ob diese zehn Männer nun ihre Produkte frei verkaufen dürfen oder sich ohne Zwang für einen Tageslohn an diejenigen vermieten, die diesen Handel betreiben, der Unterschied in ihrem Tageslohn wird immer proportional gleich sein, und sie werden sich dann unfehlbar für Ersteres entscheiden, da es sowohl für sie selbst als auch für die Nation rentabler ist.

Wenn dieselben Arbeiter jedoch gezwungen sind, für 20 Prozent weniger im anderen Gewerbe zu bleiben, dann sind diese 20 Prozent ein Verlust für die Nation und für sie selbst. Wie unnötig erscheinen dann nicht die Gesetze in solchen Fällen?

§9

Weder Produktionsprämien noch Exportprämien haben sich als geeignet erwiesen, um den nationalen Gewinn in irgendeiner Weise zu steigern oder zu fördern.

Sie sind in den meisten Teilen Europas weit verbreitet, vor allem aber in England, doch überall erhöhen sie zweifellos den tatsächlichen Verlust. Die Produktionsprämien sind auf direkte Weise schädlich, die Exportprämien auf zweierlei Weise.

Wenn es in einem Gewerbe genügend Arbeitskräfte gibt und dennoch Produktionsprämien gewährt werden, werden zu viele Menschen aus anderen Gewerben angezogen, es wird aufgrund eines Warenüberschusses weniger rentabel und die Prämien werden zu einem Mangel an Arbeitskräften in anderen profitablen Wirtschaftszweigen führen, und der Staat wird durch die Bereicherung bestimmter Bürger belastet. Wenn sich Menschen nicht ohne Subventionen in einem etablierten Gewerbe engagieren, ist es offensichtlich, dass es weniger profitabel ist als andere, in denen es keinen Mangel an Arbeitskräften gibt.

Wenn der Staat die Verluste, die den Arbeitnehmern und der Nation in diesem Gewerbe entstehen, durch Subventionen ausgleicht, wird es natürlich diejenigen geben, die sich in diesem Gewerbe engagieren, aber ihre Arbeitskraft wird in einem profitableren Gewerbe fehlen. Der Betrag, um den sich die Werte der jeweiligen Produkte unterscheiden, wird zweifellos einen Verlust für die Nation darstellen.

§10

Exportprämien haben freilich nicht nur die oben genannten Nachteile, sondern auch weitaus schwerwiegendere: Die Bürger werden hier mit dem doppelten Betrag der gezahlten Prämie besteuert und geben einen großen Teil davon an Ausländer ab, was jeden, der einen Funken Patriotismus verspürt, beunruhigen muss.

Der Verkäufer strebt immer den höchsten Preis für seine Ware an. Der Eigentümer stimmt beispielsweise einem Verkauf an einen Ausländer für 6 Riksdaler zu, erhält aber 2 Riksdaler als Subvention und verdient somit 8 Riksdaler für seine Ware.

Wenn ein Schwede dieselbe Ware kaufen möchte, muss er dem Verkäufer zweifellos den gleichen Betrag zahlen, den dieser durch den Verkauf an einen Ausländer verdient hat, nämlich 8 Riksdaler, da der Verkäufer sonst der Ansicht ist, dass er bei dem Geschäft einen Verlust gemacht hat.

Der Ausländer kommt also aufgrund der Exportprämien in den Genuss eines um 2 Riksdaler niedrigeren Kaufpreises, während ein Einheimischer doppelt besteuert wird, nämlich mit 2 Riksdaler an den Fonds, um die Anschaffungskosten für den Ausländer zu senken, und mit 2 Riksdalern als Entschädigung für den Verkäufer.

Dies muss es dem Ausländer auch ermöglichen, einen sehr vorteilhaften Handel mit unseren Produkten untereinander zu betreiben. Ich werde das obige einfache Beispiel erweitern: Die schwedischen Manufakturwaren, die dem Ausländer für 6 Riksdaler verkauft wurden, können von ihm sofort mit einem Gewinn von 25 Prozent für 7½ Riksdaler an einen Schweden verkauft werden, der sie dann für einen halben Riksdaler oder 8⅓ Prozent weniger[1] als im Einzelhandelsgeschäft des Herstellers kaufen kann, sodass es nie an Käufern mangeln wird.

Wenn man dann den 33⅓-prozentigen Vorteil auf den Kaufpreis des Ausländers zu den 25 Prozent, die er beim Verkauf erzielt, hinzufügt, ergibt sich für ihn ein Gewinn von 58⅓ Prozent,[2] der allein auf die Exportprämien zurückzuführen ist, die sonst nie entstanden

---

1 MvP: «8⅓ Prozent weniger»: bei der Berechnung der Prozentsätze hat Chydenius sich vertan. Es müssten 6,25 Prozent sein.

2 MvP: «Gewinn von 58⅓ Prozent für ihn»: hier macht Chydenius einen weiteren Fehler, wenn er 25 Prozent zu 33⅓ Prozent addiert. Prozentzahlen können nicht auf diese Weise addiert werden.

oder möglich gewesen wären. Das ist auch keine rein theoretisch belegte Wahrheit, sondern wurde auch in der Praxis vielfach bewiesen.

Ich könnte einen kleinen Geschäftsplan vorlegen, mit dem Schweden mehrere Tausend aus einigen ausländischen Exportprämien verdienen könnte, wenn ich nicht befürchten müsste, andere aus ihrem Schlummer zu wecken, die dann versuchen könnten, einige der Schlupflöcher zu schließen, die derzeit, ohne in den Handelszahlen aufzufallen, unser Defizit tatsächlich verringern.

Ich hoffe daher aufrichtig, dass die Engländer und andere Nationen nicht nur ihre Exportprämien beibehalten, sondern diese auch für alle Waren, die an uns verkauft werden können, deutlich erhöhen, während unser eigenes Land sie im Gegenteil abschafft, zusammen mit den Fesseln, die uns daran hindern, unsere Nachbarn frei und aktiv auszubeuten.[1]

§11

Ich wage nun noch weiter zu gehen und zu behaupten, dass Vorschriften, die Menschen in bestimmte Berufe lenken, der Nation und ihrem Profit schaden: Ich fühle mich dazu verpflichtet, und zwar aus meiner Meinung nach vier äußerst wichtigen Gründen.

In ganz Europa gibt es noch kein festes Prinzip, das in dieser Frage der Verteilung von Arbeitskräften befolgt werden sollte, denn solche Regelungen werden manchmal erlassen, um ein neues Handwerk oder eine neue

---

1 MvP: Chydenius argumentiert hier im Grunde für die Beibehaltung von ausländischem Dumping zum Nutzen des eigenen Landes.

Technologie zu fördern, manchmal, um mehr Menschen Arbeit zu verschaffen, und manchmal, um dem Eigentümer einiger Produktionsstätten durch niedrigere Löhne ein höheres Einkommen zu verschaffen.

In einem Fall geschieht dies, um unsere Produkte exportfähig zu machen, in einem anderen Fall, um den einen oder anderen Bedarf innerhalb des Königreichs zu decken. Manchmal besteht der Zweck einer solchen Maßnahme darin, dass lokale Reeder von der Beförderung unserer Waren und einheimische Arbeiter von ihren Löhnen profitieren, ein anderes Mal darin, Gold und Silber im Land zu beschaffen. Manchmal sollen sie die Auswanderung verhindern, manchmal den Luxus einschränken. In einem Fall wird es als notwendig erachtet, die Ordnung unter den Gewerken aufrechtzuerhalten, in einem anderen Fall ist es erforderlich, Handwerker daran zu hindern, in mehr als einem Handwerk zu arbeiten, und es gibt unzählige andere Gründe.

Fehlt es bei all dem nicht an einem geeigneten System? Und muss ein Haus, das aus so vielen Blaupausen gebaut wird, nicht ein seltsames Aussehen bekommen und die nötige Stabilität vermissen lassen?

§12

Der zweite Grund ist folgender: Kein Politiker ist bisher in der Lage, eindeutig zu sagen, welche Industrie den größten nationalen Gewinn für uns erwirtschaften kann, sodass der Gesetzgeber in der Zwickmühle bleibt, wohin er unsere Arbeitskräfte mit regulatorischen Mitteln lenken soll.

Wer, so könnte man meinen, ist so unwissend, dass er dies nicht weiß? Ich versichere Ihnen, dass es nicht so einfach ist, wie die Leute denken. Viele, die ernsthaft über diese Fragen nachgedacht haben, haben in der Tat ihr eigenes System geschaffen und jede Branche in eine bestimmte Reihenfolge gebracht; so wir ihre Rangfolge aber mit denen anderer vergleichen, sind wir erstaunt über die Unterschiede, die zwischen ihnen bestehen.

Ich glaube, dass mein System das Beste ist, aber wenn ich feststelle, dass jeder das gleiche Vertrauen in sein eigenes System hat, muss ich als rationales Wesen in dieser Angelegenheit im Zweifel bleiben, bis sie vollständig untersucht wurde.

M. behauptet, dass die Landwirtschaft am besten ist, E.S., dass das Handwerk diese Ehre verdient; O.R. beweist, dass es der Handel ist, A.G., dass das Königreich von unserer Bergbauindustrie als Quelle der Hauptexporte des Königreichs unterhalten werden muss, usw.[1] Wer von ihnen hat Recht?

Alle von ihnen sind aufgeklärte und gewissenhafte Männer und genießen darüber hinaus das Vertrauen ihrer Mitbürger, und es wird lange dauern, bis diese Kontroverse beigelegt ist. Welche dieser Industrien sollte die souveräne Macht in der Zwischenzeit als die nützlichste betrachten und welche sollte sie zum Nutzen des Königreichs für mehr Menschen attraktiv machen? Und wie können unter diesen Umständen Fehler vermieden werden?

---

[1] Vermutlich steht M. für Marquis de Mirabeau (1715-89), E.S. für Eric Salander (1699-1764) und O.R. für Ephraim Otto Runeberg (1722-1770). Mit A.G. verweist Chydenius wohl auf ein geheimes Memorandum an den König vom 13. 4. 1723; Verfasser war Emanuel Swedenborg im Auftrage des Bergbauamtes. Chydenius hat es 1765 als Anhang einer Antwort auf seine Kritiker veröffentlicht, dabei jedoch Swedenborgs Anonymität respektiert. Link #14.

Selbst wenn diese Kontroverse vollständig beigelegt wäre und ein System darauf basieren würde, das die Masse der Menschen in die profitabelste Branche lenken würde, könnte der Gesetzgeber dann sagen, wie viele tausend Menschen darin zum Nutzen der Nation arbeiten sollten und dass eine solche Regelung innerhalb von so und so vielen Jahren die gewünschte Wirkung hätte? Es könnte allzu leicht passieren, dass Menschen aus anderen Branchen abgezogen werden und in dieser einen einen Überschuss an Waren produzieren, die dadurch im Ausland an Wert verlieren würden, was zu einem erheblichen Verlust für die Nation führen würde.

§13

Selbst wenn sie in der Lage wären, über das gesamte dafür erforderliche Wissen zu verfügen, was völlig unmöglich ist, könnte es dennoch vorkommen, dass diejenigen, die sich mit dieser Angelegenheit befassen, keine guten Absichten haben, was ich als dritten Grund betrachte.[1]

Es könnte leicht der Fall eintreten, dass sie ein persönliches Interesse daran haben könnten, die Menschen in den einen oder anderen Industriezweig zu bringen, und sich daher dafür einsetzen würden. Was würde dann anderes geschehen, als dass ein höchst nützlicher Industriezweig seiner Menschen beraubt würde, was einen irreparablen Verlust für das Königreich bedeuten würde?

---

[1] MvP: Hier (und nachfolgend) lassen sich Stichworte für Ludwig von Mises' «Kalkulationsprobem» und Hayeks «Anmaßung von Wissen» sowie für die Public Choice Schule erkennen.

§14

Schließlich, wenn wir uns vorstellen, dass wir all diese Hindernisse überwunden und Vorschriften erlassen haben, die ideal für den Zweck geeignet sind, könnten einige unerwartete Ereignisse dieses ausgeklügelte System untergraben und die nützlichsten Vorschriften in äußerst schädliche für die Nation verwandeln, was den vierten Grund gegen sie darzustellen scheint.

Welche Veränderungen bei Waren, welche Wertschwankungen erleben wir nicht täglich? Die Vorsehung eröffnet einer Nation ganz unerwartet eine Quelle des Reichtums, die eine Zeit lang anhält, dann aber abrupt versiegt und bald durch eine zweite oder dritte ersetzt wird, von der der nationale Gewinn hauptsächlich abhängt. Das Gesetz, selbst wenn es optimal ist, wird daher unter den tausend möglichen Eventualitäten nicht für mehr als einen einzigen Kontext geeignet sein, nämlich den, für den es entworfen wurde, und in allen anderen nachteilig sein. Und das sind die wahren Gründe, warum unsere Vorschriften, obwohl sie an sich gut sind (was ihre Absicht betrifft), eine so schädliche Wirkung hatten.

§15

Es ist vielleicht an der Zeit, genauer zu untersuchen, welche Art von Vorschriften den Wechsel von einer Beschäftigung zu einer anderen regeln.

Dazu gehören alle, die direkt oder indirekt bestimmte Vorteile in einem Beruf gegenüber einem anderen bieten. Dies geschieht direkt, wenn die Bedingungen der Verordnung sie ausdrücklich einschließen, aber indirekt, wenn es eine notwendige Folge der Umsetzung der Verordnung ist.

Sie umfassen somit alle wirtschaftlichen Privilegien, nicht nur die ausschließlichen, sondern auch alle anderen, die einem Gewerbetreibenden einen bestimmten Vorteil bieten, d.h. alle gesetzlich festgelegten Berufsgruppen; denn die Natur schafft ihre eigene Klassifizierung, die die zuverlässigste ist, aber sobald etwas rechtlich hinzugefügt oder weggenommen wird, entstehen Verzerrungen, die bestimmte Menschen begünstigen, andere aber bei der Ausübung ihres Gewerbes behindern. Dazu gehören auch alle Produktions- und Exportprämien sowie jedwede Beschränkungen der Niederlassungs- und Handelsfreiheit in den Städten und ländlichen Regionen.

Was sind diese anderen als Staudämme, welche die Menschen an bestimmten Orten konzentrieren, sie von einem Ort entfernen und an einen anderen verlegen, ohne dass man sagen kann, an welchem Ort sie am nützlichsten sind und den nationalen Gewinn steigern oder verringern, wie oben gezeigt wurde?

Wenn der Strom gleichmäßig fließen kann, ist jeder Tropfen Wasser in Bewegung. Wenn es keine Hindernisse gibt, konkurriert jeder Arbeiter um seinen Lebensunterhalt und steigert so den Profit für die Nation. Durch Vorschriften werden Menschen in bestimmten Gruppen konzentriert, die Möglichkeiten, in die Industrie zu wechseln, werden reduziert und eine kleine Anzahl von Menschen innerhalb jeder Gruppe erhebt sich über die Mehrheit, deren Wohlergehen als Beweis für den Wohlstand des gesamten Königreichs dargestellt wird.[1]

---

[1] MvP: Das ist eine bemerkenswert kompakte Gegenüberstellung einer liberalen und einer dirigistischen Konstellation.

Anders Chydenius

§16

Dies sind die gleichen Dämme, die eine Zunahme der Zahl schwedischer Arbeiter verhindern, obwohl dies, wie in § 4 dargelegt, die wichtigste Grundlage für den nationalen Gewinn ist.

Bei einem Damm ruht das Gewicht der oberen Wasserschichten auf dem, was dem Boden am nächsten liegt, sodass die Struktur weiter unten um ein Vielfaches stärker und wasserdichter sein muss; denn aus Erfahrung weiß man, dass das untere Wasser schneller durch die kleinste Öffnung herausströmt als das andere.

Dasselbe gilt für unsere eigene Bevölkerung. Wir können jeden beliebigen Beruf und die Anzahl der darin beschäftigten Personen betrachten.

Wenn wir an Landwirte denken, werden wir kaum ein Beispiel dafür finden, dass jemand, der einen großen Gutshof besitzt, aus dem Land fliehen möchte, obwohl diejenigen, die erwarten, diesen Gutshof von ihm zu erben, bereitwillig für seine Reise bezahlen würden; aber kann man sich bei den Hintersassen[1] auf diesem Gut oder ihren Kindern ebenso sicher sein?

Ich habe sie oft gefragt, wo ihre Kinder sind, aber von den meisten habe ich eine erbärmliche Antwort erhalten: Was sollen wir mit ihnen jetzt zu Hause anfangen? Wir können uns hier nur mit größten Schwierigkeiten ernähren, solange der Herr es zulässt. Unser ältester Sohn segelte ein paar Jahre lang auf der Hollandroute, blieb dann aber dort und soll es jetzt gut haben. Unser zweiter Sohn fährt zwischen hier und England hin und

---

[1] «Torparen»: in der englischen Übersetzung heißt es *crofters*, das sind Kätner, Bauern, die eine Kate bewohnen, (abhängige) Kleinbauern.

her, aber als wir ihn das letzte Mal sahen, verabschiedete er sich für immer und beabsichtigte, sich dort niederzulassen. Unser dritter Sohn ging mit der Armee nach Pommern; er wurde vom König von Preußen gefangen genommen, aber als Gott uns Frieden schenkte, war er nicht bereit, zurückzukommen; er steht jetzt im preußischen Dienst und hat dort geheiratet. Unser vierter Sohn ist noch ein Kind, und Gott weiß, wohin er gehen wird oder was aus ihm werden wird.

Warum läuft ein Kleinbauer[1] in unserem Königreich nicht weg? Weil er ein Bleiberecht hat. Aber warum ist die Wahrscheinlichkeit bei einem Arbeiter größer, dass er wegläuft? Die Antwort liegt auf der Hand: Weil die Vorschriften es ihm nicht erlaubt haben, sich irgendwo niederzulassen.

§17

Wenn wir unsere Handwerksverbände und die Zahl unserer Mitglieder betrachten, die ihnen angehören, stellen wir fest, dass es eine kleine Anzahl wohlhabender Meister gibt, die nicht mehr persönlich in ihren Werkstätten sitzen müssen, sondern ein Leben in Muße führen, sich und ihre Familien nach der neuesten Mode kleiden, unter der Woche einen anständigen Tisch decken, die meiste Zeit Besuche machen und empfangen und zehn oder zwölf Arbeiter in ihrer Werkstatt haben, von denen sechs für ihr Essen und der Rest für ein paar Daler pro Woche arbeiten. Meine Frage ist, ob ein solcher Mann aus dem Land fliehen würde. Solange die

---

[1] «Odal-Bonde»: Odalbönder waren Kleinbauern, die ihr eigenes Land bewirtschafteten, meist aber zusätzlich in Werstätten arbeiteten.

Zunft in der Lage ist, ihm Arbeiter zur Verfügung zu stellen und sicherzugehen, dass die Zahl der Meister nicht übermäßig groß wird, sodass er unweigerlich für Arbeiten angefragt wird und somit seinen eigenen Preis festlegen kann, wird dies sicherlich nicht passieren.

Wie es seinen Gesellen und Lehrlingen geht, ist eine heiklere Frage. Ich habe manchmal ihren Abgesang gehört und eine allgemeine Klage im Königreich, dass sie ins Ausland nach Preußen und Russland gehen, denn dort kann jeder, der möchte, sofort Meister werden.

Denken Sie nur daran, wie hilfreich unsere Zünfte[1] sind, die die Kinder armer Leute nicht davon abhalten, einige der so entstandenen freien Stellen ohne Bezahlung zu besetzen!

§ 18

Wenn wir uns unsere Bergbauindustrie betrachten, werden wir schnell feststellen, dass nicht viele der Eigentümer unserer Metallwerke Schweden verlassen wollen; aber die Klagen einer Reihe armer Eigentümer von Metallwerken über den Mangel an Kapital, mit dem sie das Unternehmen führen können, über schleppende Verkäufe und feste Preise sowie über die Armut, die sie bedroht, sind eine ganz andere Sache.

Worüber beschweren sich Schmiede und Gießereiarbeiter? Warum bleiben diejenigen, die aus dem Ausland geholt werden, nicht lange, während die Einheimischen selten heiraten und in der Regel als Arme enden? Und wie kommt es, dass der Handel mit Getreide

---

[1] «Skrån»: eine Mischung aus Handwerks-, Kaufleute- und Wirtschafts-organisationen, Gewerkschaften und Versicherungen.

und Lebensmitteln für den Gießereibesitzer kaum weniger rentabel ist als die Eisenproduktion selbst? Und warum wird es den von den Hüttenwerken abhängigen Kleinbauern Asche auf ihre Felder[1] regnen und weshalb erzählen sie die gleichen persönlichen Geschichten über ihre Kinder wie der oben erwähnte Hintersasse?[2]

Der Fabrikant ist sicherlich genauso gut mit seinen eigenen Produkten gekleidet wie jeder andere auch, aber die Arbeiter in der Spinnerei sitzen oft halbnackt da und andere gehen schlecht gekleidet auf die Straße und betteln. Sie sagen, dass sie Ausländer sind, die aus dem Ausland hierhergebracht wurden und sich jetzt wünschen, wieder zu Hause zu sein, anstatt vor den Türen anderer Menschen in Schweden zu stehen und schließlich in Armut zu sterben.

Unter denen, die aus den Städten wegziehen, betrifft der Wunsch zu fliehen selten die Wohlhabenden und die Magistrate, aber sehr oft die Armen und die bescheideneren Stadtbewohner.

Ich glaube, es ist fast undenkbar, dass Schiffskapitäne und Steuermänner fliehen, es sei denn, sie haben in einem ausländischen Hafen ein Vergehen begangen, aber ich wage nicht, dasselbe von einem Matrosen oder dem Kochjungen zu behaupten.

Liebe Leserinnen und Leser! Sehen Sie jetzt, warum unsere Arbeitskraft nicht zunehmen kann und damit auch nicht unser nationaler Gewinn? Meiner Meinung

---

[1] Einem Bauern, der von einem Hüttenwerk abhänig ist, wird es Asche auf sein Feld regnen, weil er dort so hart arbeitet, dass er die eigenen Felder und den Anbau vernachlässigt, was zum Misserfolg der Ernte führt. (Fußnote im Originaldruck.)

[2] Hiermit erfolg ein Verweis auf § 16 (S. 111).

Anders Chydenius

nach wird es nie möglich sein, diese Abnutzung zu verhindern, es sei denn, die Dämme werden geöffnet.

Je geringer der Druck, desto leichter kann das Wasser zurückgehalten werden, aber je kürzer die Wassersäule ist, desto geringer ist der Druck, und er wird immer am niedrigsten sein, wenn das Schleusentor geöffnet wird.

§19

Die zweite Stütze des nationalen Gewinns ist der Fleiß der Arbeiter, d.h. wenn die geringste Anzahl von Menschen Waren mit dem größtmöglichen Wert produziert.[1]

Viele, die nur auf unsere Nation schauen, könnten leicht den Eindruck gewinnen, dass es ihr an Fleiß nicht mangelt, aber ich muss zugeben, dass es mich verletzt hat, den Vorwurf von Ausländern zu hören, dass die schwedische Nation im Vergleich zu den anderen faul sei.

Ein Kaufmann in Holland sitzt jeden Morgen ab 5 oder 6 Uhr in seinem Büro und erledigt alle seine geschäftlichen Angelegenheiten; er kleidet sich einfach und sein Tisch ist nicht mit üppigen Mahlzeiten überladen, er nutzt jede Stunde des Tages, um etwas zu erledigen; und er macht sich über französische Gecken und hochnäsige Allüren lustig.

Ein Engländer ist hart im Nehmen und unermüdlich bei der Arbeit. Ein Zimmermann in einer englischen Werft arbeitet mit solcher Energie und Geschwindigkeit, dass man den Hammer in seiner Hand kaum sehen kann, während er arbeitet, und er stellt ein Kriegsschiff

---

[1] MvP: Dieses sog. Mini-Max-Prinzip ist gleichermaßen verbreitet wie unrealistisch und ideal gedacht. Unternehmen müssen vielmehr abwägen: Qualität vs. Kosten, Zeit vs. Genauigkeit, Risiko vs. Ertrag.

in so vielen Tagen fertig, wie die staatlichen Werften in Schweden normalerweise Wochen benötigen.

§ 20

Was ist die Ursache für all dies? Die Eigenwilligkeit unserer Arbeiter, mögen einige meinen, da sie nicht streng beaufsichtigt werden. Landstreicher, so heißt es, leben überall in unseren ländlichen Regionen in Faulheit. Gesellen und Lehrlinge sind nicht mehr das, was sie einmal waren. Knechte und Mägde rühren keine Hand, es sei denn, der Herr selbst begleitet sie.

Ich weiß nicht, ob es irgendwo mehr Aufseher gibt als bei uns, aber wer soll die Aufsicht ausüben, wenn sie selbst bis 10 Uhr morgens schlafen? Ich habe eine Reihe von Vorschlägen gehört, dass ein Pächter, der nicht hart auf seinem Hof arbeitet, ausgepeitscht oder zumindest vom Hof vertrieben werden sollte. Es ist in der Tat schon vorgekommen, dass einige bestraft wurden, weil sie nicht sofort eine alte Lebensgrundlage aufgeben konnten, ohne die sie zunächst halb verhungert wären.

Solche Menschen werden unsere Form der Freiheit unfehlbar erkennen. Auspeitschen und Freiheit in Kombination: Was für eine seltsame Vorstellung!

Wir sollten unsere Nation und ihren besonderen Charakter nicht für ihre Trägheit verantwortlich machen; wir sollten die Schuld nicht auf korrupte Sitten schieben. Das wäre in der Tat das Einfachste, aber es nützt dem Land wenig. Die Ursache dieses Übels ist woanders zu suchen.

Je mehr Möglichkeiten es in einer Gesellschaft gibt, dass einige von der Arbeit anderer leben und je weniger andere die Früchte ihrer Arbeit genießen dürfen, desto

Anders Chydenius

mehr wird der Fleiß zerstört; die einen werden übermütig und die anderen verzweifelt, während beide nachlässig werden.

Diese grundlegende Aussage ist so fundiert und wird durch die Kenntnis der menschlichen Natur und die tägliche Erfahrung so gründlich bestätigt, dass ich jeden herausfordere, sie rational zu widerlegen.

Fleiß und Sorgfalt erfordern eine fröhliche Stimmung und ständigen Wettbewerb, wenn sie nicht bald nachlassen sollen. Unter Unterdrückung gibt es sie nie, aber wenn sie durch Freiheit, einen schnellen Warenumschlag und individuellen Profit gefördert werden, wird die natürliche Trägheit überwunden, die durch gewaltsame Mittel niemals dauerhaft beseitigt werden kann.[1]

§ 21

Waren werden nur dann produziert, wenn sie benötigt und nachgefragt werden. Der Bedarf zeigt sich von selbst; er ist vielfältig und bringt somit automatisch Berufe und Produkte hervor, die dann an diejenigen verkauft werden, die sie benötigen. Wenn diejenigen, die eine Ware kaufen müssen, daran gehindert werden, verbleibt sie in den Händen des Herstellers, wird zu einer Belastung für ihn und wird mit einem schwarzen Stempel versehen, auf dem steht: Verschwendeter Schweiß und Mühe.

Das ist ein Schlag gegen den Fleiß. Das ist die Schnur, die dem Arbeiter die Hände auf den Rücken

---

[1] MvP: Dieses kulturell-institutionelle Argument darf heute wieder mehr Aufmerksamkeit gewinnen.

bindet, und der Trank, der schlechte und schläfrige Bürger hervorbringt.

Kein Volk kann fleißig sein, solange dieser Stempel auf seinen Produkten verbleibt, und er kann erst entfernt werden, wenn die Ware von jedem hergestellt und an jeden verkauft werden kann, der sie benötigt.

Ich werde nicht das Beispiel anderer Staaten als Beweis dafür anführen: Mein eigenes Vaterland ist ein unwiderlegbarer Zeuge dafür, auf den ich mich umso kühner berufen kann, als sein Zustand am vertrautesten ist und niemand in der Lage sein wird, ihn zu betrachten, ohne sein Unglück zu beklagen.

Der schwedische Fleiß gleicht einer Ernte auf einem schlecht gepflegten Feld. Hier und da wachsen ein paar üppige Bestände, aber das meiste ist verdorrt und wird kaum das Saatgut ersetzen.

§ 22

In Västergötland[1] werden Kunsthandwerk und Weberei fleißig betrieben: Dort schämt sich ein alter Mann nicht, am Spinnrad zu sitzen; Messer, Schüsseln, Teller, Bänder, Glocken, Scheren und andere Waren sind dort zu günstigeren Preisen erhältlich als anderswo. Was ist der Grund dafür? Die Einwohner dieser Provinz haben das Recht, überall hin zu reisen, wo sie ihre Waren verkaufen möchten. Der Stadt Borås ist es seit langem gestattet, im ganzen Königreich Hausierhandel zu betreiben. Das bedeutet, dass man von Hof zu Hof gehen, Waren kaufen und seine eigenen verkaufen kann.[2]

---

1 Västergötland ist eine Provinz im Südwesten Schwedens, die für ihre Textiltradition bekannt ist.

2 MvP: Den politischen Grenzen wohnt hinsichtlich wirtschaftlicher Be-

Da keine andere Provinz im Königreich eine solche Freiheit besaß, bezweifle ich auch, dass eine andere einen solchen Fleiß aufweisen kann, wie er unter ihren Einwohnern herrscht. Es ist also klar, dass hier entweder der Fleiß die Freiheit geschaffen hat oder die Freiheit den Fleiß.

Vor einigen Jahren wurden in Västerbotten, Hälsingland und Västernorrland[1] große Mengen an Stühlen und Spinnrädern hergestellt, von denen erstere für 9 bis 12 Daler pro Dutzend und letztere für 6 bis 9 Daler pro Stück verkauft wurden. Jetzt sind diese Manufakturen aufgrund bestimmter Verkaufsverbote weitgehend eingestellt worden, und es sieht so aus, als müssten die Einwohner sie bald von anderen kaufen.

An der Küste von Österbotten sind die Menschen sowohl im Winter als auch im Sommer aktiv; aber 30 oder 40 Meilen landeinwärts, wo es keine Städte gibt, besteht die Beschäftigung der Mehrheit im Winter darin, zu schlafen und so viele Splitterfackeln zu schneiden, wie sie zum Anzünden benötigen. Da es keine Käufer für diese Waren gibt, werden keine für den Verkauf hergestellt.

In der Gegend um Pori (Björneborg), Rauma (Raumo) und Uusikaupunki sind die Landbewohner fast unermüdlich in der Holzverarbeitung tätig. Der Arbeiter ist bereits um ein oder zwei Uhr morgens bei der Arbeit und stellt den ganzen Winter über alle Arten von Holz-

---

tätigung etwas Künstliches, ja, zuweilen Willkürliches inne. Die vier Grundfreiheiten der Europäischen Gemeinschaft sind ein positives Gegenbeispiel.

[1] Västerbotten, Hälsingland und Västernorrland sind drei Provinzen im Norden des heutigen Schweden.

gefäßen her. Daher kann er sie zu einem günstigeren Preis als jeder andere in Finnland verkaufen, obwohl viele andere nicht nur besseren Zugang zu den Wäldern entlang der Küste haben, sondern auch über Fachkräfte in diesem Handwerk verfügen. Lassen Sie uns den Grund dafür herausfinden. Es ist völlig unmöglich, dass ein solcher Fleiß ohne die Freiheit, exportieren zu können, entstanden und aufrechterhalten werden konnte.

Die oben genannten Städte genießen seit langem das Recht, mit Spieren, Latten und Holzschiffen auf der Ostsee zu segeln. Die Stapelstädte haben oft versucht, ihnen dieses Privileg zu entziehen, was ihnen bisher jedoch nicht gelungen ist. Diese Städte beliefern nun nicht nur mehrere ausländische Orte mit solchen Waren zu einem moderaten Preis, sondern sogar bis zu einem gewissen Grad Stockholm selbst, und zwar so, dass sie fast alle anderen unterbieten.

Wäre das Verbot jedoch erfolgreich gewesen, wären die Verkäufe unweigerlich zurückgegangen und damit auch die Produktion. Eine geringere Produktion führt unweigerlich zu Arbeitslosigkeit und teuren Waren.[1] Sollte es anderen Städten jemals möglich sein, diese Verkäufe zu verhindern oder diesen Städten[2] die Freiheit der Produktion zu entziehen, wäre es so sicher wie das Amen in der Kirche, dass Stockholm mehr für Holzschiffe zahlen müsste als zuvor, dass diese Städte ihre Geschäfte und das Land seine Bevölkerung und sein Einkommen reduzieren würden und dass das Königreich seiner Gewinne beraubt würde.

---

1 MvP: Protektionismus ist eben deshalb kein Schutz oder allenfalls für diejenigen, auf die die Aufmerksamkeit gelenkt wird.
2 «diese Städte»: das heißt Pori, Rauma und Uusikaupunki.

§23

Schau! Hier ist der Schlüssel zu Fleiß und Gewinn. Wenn die Tür zum Gewinn durch freies Unternehmertum und Verkäufe geöffnet wird, wird jeder Mann innerhalb weniger Jahre voll beschäftigt sein; wenn dies jedoch nicht geschieht, wird die Nation unweigerlich, unabhängig von allen anderen Maßnahmen, so schläfrig wie zuvor und geneigt sein, am helllichten Tag schläfrig zu sein.

Gewiss sollte es Freiheit geben, wird der Leser denken, aber nicht ohne Ordnung. Man muss sorgfältig zwischen städtischen und ländlichen Gewerben unterscheiden und darf den Bauern nicht erlauben, sich anderen Tätigkeiten zu widmen, wodurch die Landwirtschaft vernachlässigt wird. Gut gesagt, ganz im Stil unserer Zeit! Ich möchte nur mit größtem Respekt eine Sache festhalten, nämlich, dass jeder, der diese despotische Vormundschaft über den Bauern übernimmt und ihn ausschließlich an den Boden bindet, auch wie ein wahrer Vater dafür sorgen wird, dass er nicht vor Hunger stirbt, wenn die Landwirtschaft ihn und seine Kinder nicht ernähren kann. Wenn das nicht machbar ist, halte ich es für ratsamer, das Lasttier auf die Weide zu bringen, damit es sich selbst ernähren kann, als es an einen Pfosten zu binden und es dort für ein paar Wochen unbeaufsichtigt stehen zu lassen, denn es ist zu spät, ein Handwerk zu erlernen, wenn es keine Nahrung mehr gibt.

Den Handel auf dem Land einzuschränken bedeutet, das Wachstum der Bevölkerung und alle Verbesserungen auf dem Land zu verhindern, und das Handwerk und den Handel zu verbieten bedeutet, das Unternehmertum in alten Städten und die Entwicklung neuer Städte zu hemmen.[1] Ein gelernter Gerber ließ sich auf dem Land viele Meilen von der nächsten Stadt entfernt nieder und versorgte die Landbevölkerung und Personen von Rang mit fachmännisch gegerbtem Leder. Er wurde von der nächstgelegenen Marktstadt aufgefordert, dieses Handwerk dort nicht mehr auszuüben, und musste daher in die Stadt ziehen. Das System war in Ordnung, aber wer auf dem Land gut verdiente, wurde in der Stadt zum Armen, und daher müssen jetzt jedes Jahr mehr als tausend Häute durch schlechte Behandlung verdorben werden. Das ist wohl kaum der Weg, um den nationalen Gewinn zu steigern.

§24

Der Teil unserer Gesetze, der den Handel auf dem Land betrifft, verdient unsere besondere Aufmerksamkeit.[2] Ein Kaufmann darf nicht durch das Land reisen und seine Waren verkaufen, und ein Bauer darf nicht alles von seinen Nachbarn aufkaufen und es auf den Markt in der Stadt bringen oder sie im Gegenzug mit Waren aus der Stadt versorgen.

---

1   MvP: Chydenius argumentiert hier, wie so oft, utilitaristisch und nicht mit dem Naturrecht, das er an anderer Stelle bemüht. Der Utilitarismus prägte die Spätaufklärung und den Frühliberalismus.

2   «Landthandelen» («ländlicher Handel»): Die Bürger durften auf dem Land keinen Handel und die Bauern keinen professionellen Handel untereinander betreiben. Der gesamte Handel musste mindestens seit 1538 in den Städten oder auf den Märkten stattfinden. Bauern waren stattdessen verpflichtet, ihre Waren in die Städte zu transportieren, um sie dort zu vermarkten. Dazu gehörte auch, dass Bauern beim Betreten der Stadt eine Abgabe zahlen mussten (die sogenannte kleine Maut); dies galt bis 1810. Die letzten Beschränkungen des Handels auf dem Land wurden 1846 und 1864 in Schweden und 1859 in Finnland aufgehoben (siehe zu dieser Frage auch *Commentary on The Answer to the Question of the Rural Trade* von Lars Magnusson). Link # 8.

Wenn ein Nachbar nicht bereit ist, sein Bevollmächtigter zu werden, muss er persönlich eine Reise von zwei oder drei Tagen in die Stadt unternehmen, oft für einen Feuerstein oder eine Prise Tabak, vielleicht während der geschäftigsten Zeit der Erntezeit. Wer soll dann für seine Reise bezahlen? Hätte man seinem Nachbarn erlaubt, ein wenig Handel mit den notwendigsten Waren zu treiben, hätte er diese Zeitverschwendung vermeiden können, aber da dies verboten ist, kann ich diese Verschwendung nur auf die Verordnung selbst zurückühren.

Ich muss bedauern, dass es nicht gewissenhaft befolgt wurde, aber ich glaube auch aus tiefster Überzeugung, dass solche Gesetzesverstöße mindestens ein Viertel der Nation vor einem vergeudeten Leben bewahrt haben.

Eine so wichtige Angelegenheit vollständig zu erörtern, ist an dieser Stelle unmöglich. Ich möchte den Leser lediglich dazu ermutigen, darüber nachzudenken.

Die gesamte Region Savo (Savolax), Häme (Tavastland) und Karelien[1] liegen weit entfernt von Städten. Sie produzieren Getreide und andere Lebensmittel und erhalten im Gegenzug Salz und andere Waren des täglichen Bedarfs aus den Städten. Die Wohlhabenderen kaufen sie ihren Nachbarn ab, die keine Pferde haben oder diese Waren nicht selbst in die Stadt bringen können, und versorgen sie im Gegenzug mit dem Nötigsten.

Niemand übernimmt die Aufgabe, als Vermittler für arme Menschen zu fungieren, und niemand ist in der Lage, mit 50 oder 60 Personen zu verhandeln. Wenn

---

[1] Savo, Häme und Karelia sind drei Provinzen in Finnland.

dieser Handel auf dem Land nicht betrieben würde, würde das Land daher seiner Produkte beraubt werden und die Armen würden ihr Leben in Hunger und Untätigkeit vergeuden. Wenn es keine Nachfrage nach der Ware gibt, kommt die Produktion vollständig zum Erliegen, und was passiert dann mit dem nationalen Gewinn?

§ 25

Ich kenne einen Bauern, der etwa 5 Meilen von der nächsten Marktstadt entfernt lebt und neben anderen Arten von Handel, die er auf dem Land betreibt, im Herbst Schlachtvieh in einem Radius von vielen Meilen um sich herum kauft und jährlich drei oder vier Rinderherden mit jeweils 20 oder 30 Tieren in die Stadt treibt.

Laut Gesetz ist es nur dem Metzger gestattet, durch das Land zu reisen, um sie aufzukaufen, aber jeder Einzelne ist verpflichtet, seine Tiere selbst in die Stadt zu treiben. Nur wenige von ihnen haben mehr als ein oder zwei Tiere zu verkaufen, die von zwei oder drei Personen getrieben werden müssen, so viele, wie der Landwirt für seinen gesamten Viehbestand benötigt.

Diese zwei oder drei Personen verlieren jeweils vier oder fünf Tage auf dieser Reise in die Stadt während der arbeitsreichen Dreschzeit, sodass der Treck in die Stadt acht bis zehn Tage Arbeit kostet, oft für ein einziges kleines Rind, was den Gewinn um 4 oder 5 Plåtar[1]

---

[1] «Plåtar»: waren große Kupferplatten, die als Zahlungsmittel verwendet wurden. Diese Plåtmynt (Plattenmünzen) waren riesige, rechteckige Kupferstücke mit geprägten Stempeln, die den Wert angaben. Da Schweden große Kupfervorkommen hatte, wurden diese anstelle von Silber- oder Goldmünzen genutzt. Sie waren jedoch unhandlich und konnten mehrere Kilogramm wiegen.

schmälert und dazu führt, dass die notwendige Arbeit auf den Höfen vernachlässigt wird. Nichts ist daher wahrscheinlicher, als dass ein Bauer lieber seinen eigenen Ochsen isst, als die Hälfte seines Wertes für Reisekosten auszugeben.

Würden die Vorschriften für den Handel auf dem Land eingehalten, würde die Stadt allein durch diesen Händler auf dem Land 50 oder 60 fette Rinder pro Jahr verlieren, und kaum zehn Ochsen aus seinen mehreren Herden würden in der Stadt ankommen, und seine Nachbarn wären auch nicht geneigt, ihren Bestand zu vergrößern. Wer weiß, ob diese und andere solche Vorschriften, die von den meisten Menschen als trivial angesehen werden, die Hauptursache für den im Königreich beklagten Mangel an Getreide und Lebensmitteln sind?

Ich bin sicherlich nicht dafür, dass ein Landwirt durch den Handel von seiner Arbeit auf dem Bauernhof abgehalten wird. Ich würde es vorziehen, wenn die Bürger, die an den meisten Orten viel Zeit dafür haben, insbesondere im Winter, selbst die Aufgabe übernehmen würden, die Landschaft um die Städte herum zu versorgen, und gleichzeitig selbst davon profitieren würden.

Da unsere Städte dies jedoch nicht tun, scheint es mir, dass sie als die Väter des Landes angesehen werden wollen, die allen Kindern sagen, dass sie sich um ihre Stühle versammeln sollen, um sich nacheinander Essen in den Mund zu stecken. O harte Zeiten! Wenn der Nachwuchs begonnen hat, seine Mutter herumzukommandieren und das Kind den Platz seines Vaters einnehmen will.

§26

Ein Kaufmann, der Handelsfreiheit genießt, hat weitreichende Interessen; er ist ständig damit beschäftigt,
seine Waren gewinnbringend zu vermarkten. Wenn jemand versucht, übermäßige Gewinne zu erzielen, wird
er Konkurrenten anziehen, die einen Teil des Gewinns
für sich beanspruchen und die Bürger vor willkürlicher
Erpressung schützen.[1] Jeder muss sich dann mit einem
geringeren Gewinn pro Ware begnügen und stattdessen seinen Lebensunterhalt damit verdienen, sie umso
schneller zu verkaufen.

Die Zinssätze werden dann sinken; die Menschen
werden sich dann auch mit kleineren Geschäften befassen, die bei hohen Zinssätzen nicht in Betracht gezogen
oder betrieben werden können, da sie weniger rentabel
sind. Mit einem Wort, Monopole, Wechselreiterei und
ein Staatsdefizit können nur entstehen, wenn sie durch
Gesetze geschützt werden, können aber durchaus aufrechterhalten werden, sobald sie etabliert sind.

Aufgrund der eigenartigen Unterscheidung zwischen
den Stapelstädten und den Nicht-Stapelstädten werden
Ausländer in einer großen Anzahl von Häfen daran gehindert, direkt Waren zu suchen und diese in bar zu bezahlen. Die Waren müssen zuerst den Einwohnern der
Stapelstädte angeboten werden; wenn sie sie nicht erwerben wollen, finden die Ausländer keinen Markt. Auf
diese Weise verliert der Fleiß viel von seinem Reiz, die

---

[1] MvP: Die «Österreichische Schule der Ökonomik» sollte später eine
ähnliche Position in Bezug auf Monopole und Wettbewerb vertreten
im Unterschied zum Ordoliberalismus, der eine staatliche Monopol-
kontrolle befürwortet. Österreicher sehen nur staatliche bzw. staatlich
gewährte Monopole als Problem an, da sie als einzige schwerlich wirtschaftlich herausgefordert werden können.

Anders Chydenius

Produktion wird reduziert und das Geld beginnt zu zerrinnen. Welch ein großer Gewinn für die Nation!

§27

Die Warenverordnung[1] verhinderte, dass die Ausländer durch den Besuch der kleineren Stapelstädte einen Vorteil erlangten, da sie dort keine ganzen Ladungen ihrer eigenen Produkte verkaufen konnten und keine anderen Waren mitführen durften. Nur wenige dieser Städte waren in der Lage, ein ganzes Schiff mit ihren eigenen Exporten zu beladen, sodass sie in den größeren Stapelstädten verkauft werden mussten. Die Niederländer und Engländer durften sie nicht mehr mit Salz beliefern, und es lohnte sich auch nicht, dafür mit Ballast nach Portugal zu segeln, sondern auch dieses musste in den größeren Stapelstädten gekauft werden.

Ist es nicht bemerkenswert, wie sich der Handel auf einige wenige Orte aus dem Rest des Königreichs zurückzog? Der Name Stapelstädte wurde zwar beibehalten, aber für die meisten von ihnen war der Vorteil wirklich verloren gegangen.

Unser Handel wäre dennoch einigermaßen gut gelaufen, wenn die Fremden in den größten Städten frei Handel hätten treiben und die etablierten Interessen im Land durch Wettbewerb herausfordern dürfen. Aber sie haben nicht viel davon profitiert, da sie vollständig vom Salzhandel ausgeschlossen waren, der sich dann in den

---

[1] «Product-Placatet»: Dies war eine schwedische Handelsverordnung, die ausländische Händler daran hinderte, schwedische Waren direkt zu kaufen oder zu verkaufen, insbesondere in Stapelstädten, die das exklusive Recht hatten, bestimmte Waren zu importieren oder zu exportieren, oft mit dem Ziel, den Handel über zentrale Handelsplätze zu steuern und Zolleinnahmen zu sichern.

Händen einiger weniger Bürger konzentrierte, die entscheiden konnten, ob sie das Königreich mit diesem Gut beliefern wollten oder nicht, und zu welchem Preis sie es beliefern wollten.

Die Zahl der Käufer unserer Exporte wurde dadurch reduziert. Die Produkte blieben in den Händen der Produzenten oder wurden mit Verlust an die Exporteure verkauft. Der Verlust zwang viele Eigentümer, ihr Eigentum zu verkaufen, das unweigerlich in die Hände der Exporteure fiel oder die ehemaligen Eigentümer zu deren tributpflichtig machte.

Um dieses Übel zu beheben, wurde der Verband der Eisenwerkbesitzer[1] gegründet, die armen Eigentümern von Eisenhütten Darlehen gewähren sollte, wenn der Eisenpreis fiel; aber ob dies den Ärmeren oder den Wohlhabenderen zugutekam, ist allgemein bekannt.

Als die Banküberweisungen[2] eingeführt wurden, verschwand das Münzgeld aus den Banken. Importe ließen sich damals nicht in bar ausgleichen, und es durfte auch kein Münzgeld exportiert werden, um sie zu bezahlen, sondern alles musste mit Wechseln bezahlt werden, die im Gegenzug für Exporte ausgestellt wurden. Diese Wechsel waren, um den gesamten Handel der Krone und des Königreichs abzudecken, nur bei wenigen Per-

---

1 «Jernkontoret»: gegründet 1747, wörtlich: «Eisenamt» oder «Eisenbüro». Es ist die offizielle Interessenvertretung der Eisenindustrie in Schweden — eine Art ständische, halböffentliche Einrichtung, die bis heute existiert.

2 «Banco-Transport Sedlarnas»: Nach der Interpretation von Chydenius handelte es sich hierbei um die Einführung einer Papierwährung durch die Hintertür; infolge des Siebenjährigen Kriegs (1750er Jahre) wurden nämlich nicht mehr Münzen oder Barren, sondern nur noch Noten transferiert; siehe *Anders Chydenius' Leben und Werk / Der Reichstag von 1765-6*. Link # 9.

sonen erhältlich, die daher die vollständige Kontrolle über die Wechsel hatten. Die Handelsfreiheit wurde somit unterdrückt, und ich bin mir nicht sicher, ob man dafür einfach Einzelpersonen die Schuld geben sollte. Die Dinge wurden so arrangiert, dass die Freiheit verloren gehen würde.

«Wenn Cäsar und Pompeius», sagt Montesquieu, «wie Cato gedacht hätten, hätten andere zweifellos im Gegenteil wie Cäsar und Pompeius gedacht.» Und an anderer Stelle sagt er: «Wenn man Ehrentitel verleiht, weiß man genau, was man verschenkt; aber wenn man dem auch noch Macht hinzufügt, weiß man nie, wie weit sie ausgedehnt werden kann.»[1]

§ 28

Gesetze, Verbote, Vorschriften und Klassifizierungen könnten dann zur Ratifizierung dieser Macht herangezogen werden.[2] Die Aufmerksamkeit anderer Händler würde sich auf bestimmte Waren, bestimmte Orte und bestimmte Zeiten beschränken, und sie würden ansonsten verarmen und ihrer Lebensgrundlage beraubt werden, ebenso wie die umliegende Landschaft.

Es ist seltsam, dass man die Warenverordnung von solchen unvermeidlichen Folgen trennen möchte. Hatte

---

[1] Die Zitate stammen aus Montesquieus Überlegungen zu Ursachen der Größe und des Niedergangs der Römer (*Considérations sur les causes de la grandeur des Romains et de leur décadence*, 1734), Kap. 11. Chydenius stand hierfür die schwedische Übersetzung «Herr Montesquieu Tankar öfwer orsakerne til de romares wälde och fall», erschienen in Stockholm 1755, zur Verfügung.

[2] MvP: Als politischer Ökonom misst Chydenius der Machtpolitik eine wesentliche Bedeutung zu, die bis heute hinter Gemeinwohlformeln häufig verschwindet und mit Lobbyismus lediglich außerhalb des Staates unzureichend adressiert wird.

der Bürgerstand denn nicht vorhergesagt, dass es zu Engpässen und hohen Preisen kommen würde? Die Vorhersage erfülle sich, und als die allgemeine Notlage eintrat, wurde die Aussetzung der Verordnung als Abhilfe angesehen; doch heißt es immer noch: Die Nation profitiert von der Warenverordnung.

Wir möchten ein wasserbetriebenes Verfahren entwickeln; wir haben gesehen, dass es zu funktionieren beginnt, wenn der Damm geöffnet wird, doch wir behaupten, dass es am besten funktioniert, wenn er geschlossen ist. Ist die Zerstörung der Industrie und die Verelendung der Bürger nicht ein harter Weg, um Gewinne für die Nation zu erzielen?

§ 29

Wir stöhnen über die Folgen, aber wir gehen nicht zu der Quelle, aus der sie fließen. Sobald jemand den freien Handel erwähnt, lautet die Antwort: Wir dürfen solche privaten Angelegenheiten nicht mit den allgemeinen und nationalen Angelegenheiten verwechseln. Ich bin mir nicht sicher, was ich sagen soll: Entweder lesen wir nichts oder wir denken sehr wenig nach.

Ist nicht unsere ungesunde Besessenheit von Wechseln die größte Handelsbeschränkung, die es überhaupt geben kann? Gibt es also ein anderes denkbares Heilmittel als die Einführung des Freihandels?

Es gibt insbesondere zwei wichtige Mittel, um dieses Ziel zu erreichen: Das erste besteht darin, die Macht derer zu brechen, die die Tyrannei der Wechsel ohne Rücksicht auf Personen ausgeübt haben, um sie unfähig zu machen, noch mehr zu tun. Wenn es dafür zu spät ist, hat der Staat offensichtlich zu viel aufgegeben und muss vor den Waffen zittern, die er selbst in ihre Hände gelegt hat. Wenn die Macht erst einmal verloren ist, muss man sich unterwürfig verhalten.

Die zweite besteht darin, die Vorschriften aufzuheben, die den Handel in irgendeiner Weise behindern und die Industrie zerstören.[1] Wenn jeder das Recht und die Möglichkeit hätte, persönlich mit Ausländern Handel zu treiben, müssten nicht so viele den Exporteuren Tribut zahlen, um Wechsel zu kaufen; und sie durch Gesetze und Eide zu verpflichten, einen angemessenen Preis zu verlangen, in der Hoffnung, dadurch dem Land zu helfen, ist meiner Meinung nach, Luftschlösser zu bauen.

Beide Maßnahmen sind unerlässlich. Die zweite ist nutzlos, wenn die erste nicht vorausgeht, und die erste ist nutzlos, wenn die Vorschriften in Kraft bleiben, denn dann werden andere unweigerlich an die Stelle der vorherigen treten, und es wird für die Nation kaum einen Unterschied machen, ob der Mann, der die Willkür ausübt, Cäsar oder Octavius heißt. Es wird schlimm genug sein, wenn die Freiheit erst einmal verloren ist!

So einfach diese Mittel gegen einen instabilen Wechselkurs auch erscheinen mögen, sie sind die einzigen und einzig wirksamen, ohne die keine Besserung zu erwarten ist.

Alle sind sich einig, dass eine Erhöhung der Exporte des Landes sowie eine Erhöhung der im Umlauf befindlichen Währung dazu dienen, den Wechselkurs zu senken. Ersteres ist ohne Handelsfreiheit nicht möglich,

---

[1] MvP: Das ist eine Freihandelsposition wie sie nicht klarer formuliert werden könnte.

und ich kenne keine andere Methode zur Schaffung von Wohlstand als den Außenhandel.[1] Wenn dies in den Händen einiger weniger Personen liegt, werden sie notwendigerweise weiterhin die gleiche Art von Wechselstuben[2] unterhalten, wenn auch unter anderen Namen als früher, was zwangsläufig die gleiche Auswirkung auf den Wechselkurs haben wird.

Alle inländischen Transaktionen und selbst die subtilsten Finanzgeschäfte, die nicht auch den Außenhandel erweitern, sind meiner Meinung nach ebenso nutzlos wie abstrakte Theorien über ein Perpetuum mobile oder eine wasserbetriebene Vorrichtung, welche sich in einem Brunnen selbst in Bewegung halten soll.

Der Erfinder dieser Dinge kann sie so weit entwickeln, wie er möchte. Sie müssen jedoch irgendwann

---

1 MvP: Das ist eine sehr einseitige Meinung. Später wird Adam Smith Arbeitsteilung, freie Märkte und Freihandel, Freiraum für das Verfolgen des Eigeninteresses, Wettbewerb und Kapitalbildung fordern. Chydenius scheint hier merkantilistisch zu argumentieren. Gleichwohl weisen in einer Gesamtschau Smith und Chydenius viele Gemeinsamkeiten auf, auch in Bezug auf die zuvor genannten Faktoren — von der Kapitalbildung abgesehen.

2 «Wäxel-Contoir»: Vereinigungen einiger mächtiger Kaufleute, die in den Jahren 1747-1756 und 1758-1761 im Auftrag des Staates und mit Hilfe von Staatsgeldern versuchten, den Wert der schwedischen Währung zu sichern. Zu den Mitteln gehörten auch französischen Subventionen, mit denen sie vor allem in Amsterdam Wechsel kauften. Die Wechselstube, die von 1758 bis 1761 in Betrieb war, scheiterte katastrophal aufgrund der Teilnahme Schwedens am Siebenjährigen Krieg. Der starke Anstieg zirkulierender Geldscheine schwächte den Wechselkurs, dem die Wechselstube nicht entgegenwirken konnte. Viele, darunter auch Chydenius, der damals unter dem Einfluss seines Lehrers Nordencrantz stand, waren der Meinung, dass die Hauptverantwortung für die wirtschaftliche Situation des Landes bei den Personen lag, die in den Wechselstuben tätig waren, den sog. Wechselgesellen (växelassocierade). In der Folge unterlag die dirigistische Hutpartei bei bei den Reichstagswahlen 1765. Siehe dazu in *Anders Chydenius' Leben und Werk/Der Reichstag von 1765-6*. Link #10.

zum Stillstand kommen. Und selbst derjenige, der die subtilsten Berechnungen angestellt hat, wird schließlich erkennen, dass sein Vorschlag, wenn er in die Tat umgesetzt wird, darauf hinausläuft, dass lediglich etwas von einer Hand in die andere transferiert wird.

§30

Wann immer ein neues Gewerbe gegründet wird, in dem Menschen beschäftigt werden können, wird angenommen, dass ihre Leistung einen Gewinn für die Nation darstellt, unabhängig davon, ob diese Industrie ihre Arbeiter angemessen bezahlt.

Wir sind der Meinung, dass die Menschen, die eingestellt werden, um dort zu arbeiten, zuvor nichts verdient haben oder nichts verdienen konnten, selbst wenn jemand, der in seinem vorherigen Beruf stets seinen Lebensunterhalt für sich und seine Familie verdient hat, ohne zu betteln oder zu stehlen, in seinem neuen Beruf mehr verdient als in seinem vorherigen, wo sein Einkommen kaum für ihn allein ausreicht, während seine Frau und seine Kinder auf der Straße umherirren und von den Einkünften anderer leben müssen.

Es ist zwar durchaus vorteilhaft für ein Volk, neue Gewerbe zu erfinden, da es zufällig eines geben kann, das rentabler ist als alle früheren und die folglich den Gewinn für die Nation erhöht. Aber ein Unternehmen durch Prämien oder durch Zwänge für andere Bürger am Laufen zu halten, wird der Nation immer einen Verlust bescheren.[1]

---

1 MvP: Hier bezieht Chydenius eine klare Position gegen Subventionen und Privilegien.

Das Argument, dass mehr Menschen unterstützt werden können, wenn sich die Berufe vervielfachen, ist hier nicht anwendbar, denn es ist in keiner Weise ihre Anzahl, die den Gewinn für die Nation erhöht, sondern allein der Wert ihrer Produktion, selbst wenn es nur in einem einzigen Beruf wäre. Solange Land brachliegt, fehlen den Eisenhütten Arbeiter und unsere Werkstätten stehen leer, sind Bemühungen, noch mehr Berufe zu etablieren, meiner Meinung nach überflüssig.

Das erinnert mich an die Moral von Äsops Fabel[1] über den Hund, der beim Schwimmen im Wasser das Spiegelbild eines Fleischstücks sah und darauf zuschwamm, nur um das Stück, das er in der Metzgerei gefunden hatte, sofort wieder zu verlieren. Durch übermäßiges Gaffen, so impliziert er, hat man am Ende weniger.

Ich halte es ebenfalls nicht für ein stichhaltiges Argument, dass die Arbeit oft von Menschen ausgeführt wird, die aus dem Ausland angeworben wurden. Denn wenn sie zu hohen öffentlichen Kosten für eine weniger profitable Beschäftigung angeworben worden wären, wären Tausende von ihnen ohne die geringsten Kosten für den Staat gekommen, sofern man ihnen einfach erlaubt hätte, sich so gut wie möglich selbst zu versorgen, das heißt dem Gewerbe nachzugehen, in welchem sie den realen Gewinn für die Nation am meisten steigern würden.[2]

Sobald Ausländer angekommen sind, verlangt eine solide Politik, dass ihre Arbeitskraft bestmöglich genutzt

---

1 Aesop gilt als Begründer des Genres der Fabel, möglicherweise war er ein Sklave und lebte zwischen ca. 620 und 560 v. Chr. in Griechenland.
2 MvP: Eine aktuelle Thematik, die mit Kritik an der Migrationspolitik verbunden werden kann.

wird, und das geschieht absolut sicher in dem Gewerbe, das den größten Gewinn für seine Praktiker bietet, aber sicherlich nicht an Orten, an denen sie auf Kosten des Staates und der Öffentlichkeit ernährt werden müssen. Sie suchen spontan nach ersteren, bleiben aber nicht freiwillig an letzteren, es sei denn, sie werden dazu gezwungen, und am Ende wird ihre Belohnung für die Einwanderung die Armut sein.

§31

Dieses Konzept des nationalen Gewinns, so kritisch es auch gegenüber unseren neuen Regelungen erscheinen mag, ist an sich das harmloseste und einfachste.

Es bietet Freiheit für alle rechtmäßigen Tätigkeiten, allerdings nicht auf Kosten anderer. Es schützt den schwächsten Handel vor Unterdrückung und fördert Fleiß und ungehindertes Unternehmertum.

Es wiegt sie alle mit denselben Maßstäben und macht den Gewinn zur wahren Messlatte für die Entscheidung, welche von ihnen bevorzugt werden sollte.

Es erspart der souveränen Macht tausend lästige Sorgen, Vorschriften und Aufsichtspflichten, wenn privater und nationaler Profit zu einem einzigen Interesse verschmelzen, und das schädliche Eigeninteresse, das sich immer hinter der einen oder anderen Vorschrift zu verbergen versucht, kann dann am wirksamsten durch gegenseitigen Wettbewerb kontrolliert werden.[1]

Es garantiert einem Schweden die Ausübung seines wertvollsten und größten Naturrechts, welches ihm als

---

[1] MvP: Chydenius argumentiert hier mit der Annahme, das wesentliche Interesse der Staatsführung sei nationale Wohlfahrt.

Mensch vom Allmächtigen gewährt wurde, nämlich seinen Lebensunterhalt im Schweiße seines Angesichts auf die bestmögliche Weise zu verdienen.[1]

Es nimmt denjenigen, die aufgrund ihrer Privilegien derzeit zwei Drittel ihrer Zeit verschlafen können, den Anreiz zur Faulheit. Alle Möglichkeiten, ohne Arbeit zu leben, werden blockiert, und nur der Fleißige kann gedeihen.

Dies wird zu einer wünschenswerten Reduzierung unserer Klagen führen. Die vielen Vorschriften, ihre Erläuterungen, Ausnahmen und Anwendungen, die in irgendeiner Weise den Handel behindern, werden dann sinnlos und verschwinden, und sobald ein Gesetz aufgehoben wurde, kann es nicht mehr verletzt werden.[2]

§ 32

Ich weiß, dass diese Neuheiten nur eine Minderheit meiner Leser ansprechen werden. Sie haben mich jedoch so sehr unterhalten, dass ich es auch für meine Pflicht halte, sie der Öffentlichkeit anzubieten, unter der es zweifellos einige geben wird, die meine Freude daran ehrlich teilen werden.

Die Ungewissheit darüber, wie wir unserem Land am besten helfen können, hat mich dazu gebracht, über dieses Thema nachzudenken, und als freier schwedischer Bürger war es meine Pflicht, die Gesetze meines Vaterlandes zu verstehen. Ich habe sie miteinander verglichen, aber in ihnen nicht den Aspekt gefunden, der

---

1 MvP: Eine heute bemerkenswerte Forderung zu einer Zeit ohne Sozialstaat.
2 MvP: Das ist Entbürokratisierung durch Streichen der Vorschriften, also # Kettensäge.

Anders Chydenius

sich aus den Anweisungen eines umsichtigen Meisters ergibt, nämlich dass sie einen Zweck haben sollten.

Ich höre Klagen über die Auswanderung und beobachte auch viele Maßnahmen, die sie herbeiführen. Wir mögen die Gewerbe fördern wollen, aber wir stellen dem fleißigen Menschen Hindernisse in den Weg, damit er sich selbst versorgen kann. Während wir behaupten, dass der Wohlstand des Landes gefördert werden muss, verbieten wir einer ganzen Provinz, sich selbst Brot zu kaufen, nur unter dem Vorwand, den Schmuggel zu verhindern. Gehorsam gegenüber den Anordnungen der Regierung wird gefordert, doch in den letzten Jahrhunderten wurden so viele erlassen, dass selbst Juristen sie nur mit großer Mühe finden können, und darunter sind einige, die kaum eingehalten werden können, ohne Elend zu verursachen.

Wir beklagen uns über ein Handelsdefizit, verhindern aber so weit wie möglich, dass wir unsere Waren an Ausländer verkaufen. Wir wollen den Handel ausbauen, versuchen aber, ihn auf 15 oder 20 Personen zu beschränken. Wir werden durch einen hohen Wechselkurs ausgebeutet, versuchen aber mit allen Mitteln, die Käufer von Wechseln auf die wenigsten möglichen Verkäufer von Wechseln zu beschränken, die bereits die absolute Kontrolle über den Wechselkurs ausüben.

Wir streben danach, den nationalen Gewinn zu steigern, aber wir beschäftigen unsere Leute in einer Arbeit, mit der sie kaum ihr tägliches Brot verdienen können. Wir planen, die Dauer von Gerichtsverfahren zu verkürzen und die Einhaltung der Gesetze zu verbessern, aber wir vervielfachen täglich unsere Gesetze, sodass selbst ein Richter sie nur mit großer Mühe im Register finden kann und kaum einer von hundert seine Pflichten kennt.

Sagen Sie mir, lieber Leser, wozu soll das alles letztendlich führen?

Ich für meinen Teil kann nur dem Zyniker Lisidor zustimmen:[1]

Alles, was ich hör', verwirrt mein Denken:
Trotz so vieler Lichter stolpere ich auf der Straße.
Lärm und Streit verwirren mich noch mehr;
obwohl ich Schwedisch kann, bin ich jetzt verwirrt.

§33

Ich habe auf jede erdenkliche Weise versucht, einen einzigen kleinen Wirtschaftszweig zu analysieren und die Vorschriften, die darauf anzuwenden sind, im Kopf zu entwerfen, aber überall bin ich auf unüberwindbare Hindernisse gestoßen, wenn ich nicht durch persönliche Vorurteile in die Irre geführt wurde, und konnte daher nicht vorankommen, insbesondere aus den in § 11 und den folgenden Absätzen dargelegten Gründen.

Bei der Betrachtung der historischen Präzedenzfälle stellte ich sehr bald fest, dass das Wachstum eines Handels immer umso schneller war, je mehr Freiheit in ihm herrschte, und umgekehrt, und dass die Handelsgeschäfte umso natürlicher ein Gleichgewicht erreichten, je gerechter diese Freiheit verteilt war.

---

[1] «Lisidor»: bezieht sich auf das Gedicht «Der Weltverächter» («Wärldsföraktaren») von Gustaf Fredrik Gyllenborg (1731-1808) und dessen Hauptfigur Lisidor. Dieses Gedicht, in dem Gyllenborg die Schwächen der damaligen Gesellschaft im Geiste Rousseaus angriff, wurde 1762 veröffentlicht. Nachgedichtet von Stefan Blankertz.

Die Art und Weise, wie andere Staaten mit dem Handel umgehen, hat mich ebenfalls gelehrt, dass sich die Freiheit immer als Maßstab für ihren Entwicklungsstand herausgestellt hat. Wohin ich auch schaute, sah ich jedoch, dass das Eigeninteresse so tief in den Vorschriften verankert war, dass es überall schwierig und an den meisten Orten sogar unmöglich war, es auszurotten.

Je genauer ich begann, unsere Berufe an der Menge an Freiheit zu messen, die sie genießen, desto mehr schien ich die Möglichkeit zu sehen, sie wiederzubeleben; ich war befreit von meiner ängstlichen Ratlosigkeit über die relativen Vorteile der Berufe und die vielen sie regelnden Vorschriften, ein Problem, von dem ich fest überzeugt bin, dass es den menschlichen Verstand bei weitem übersteigt, das die Natur selbst jedoch so leicht löst.

Eine einzige Maßnahme, nämlich die, die Anzahl unserer Vorschriften zu reduzieren, ist seither für mich zu einem spannenden Forschungsthema geworden, das ich als das wichtigste und bedeutendste empfehle, das man in Betracht ziehen sollte, bevor neue Vorschriften erlassen werden.

Ein paar Mitstreiter für dieses Unterfangen zu finden, ist das wesentliche Ziel dieser kleinen Abhandlung. Gegner beunruhigen mich nicht im Geringsten. Die Wahrheit, nach der ich gesucht habe, ist so angenehm, dass ich mich freue, sie meinen Mitbürgern beschreiben zu können: Sie ist unveränderlich und furchtlos, selbst wenn die Wellen sie mit ihrer Gischt durchnässen. Sie kann es ertragen, von Eigeninteresse im Kies begraben zu werden, mit dem die wütenden Brecher sie bedecken, und bleibt dennoch unerschütterlich und unveränderlich.

Wahrheit, o Wahrheit, dein helleres Licht
durchdringt den harten Stein:
drum ist reine Tugend dein allein;
des Menschen Falschheit widersteht ihm nicht,
alles in Sicht,
jedem gewährst du ein eigenes Sein.[1]

Eine «umständliche Antwort» auf die «umständliche Widerlegung des Traktats mit dem Titel ‹Die Quelle der Schwäche unseres Landes›», veröffentlicht von der Royal Printing-Press, wird bei nächster Gelegenheit erscheinen.[2]

---

1 «Sanning, sanning, dina strålar ...»: Die Verse stammen aus Olof von Dalins (1708-63) Komödie *Den afwundsiuke* (Der Eifersüchtige). Nachgedichtet von Stefan Blankertz.
2 Dieser Hinweis bezieht sich auf das anonym veröffentlichte Pamphlet *Omständelig wederläggning, af skriften, kallad: ‹Källan til rikets wan-magt›* («Umständliche Widerlegung der Schrift ‹Die Quelle der Schwäche unseres Landes›»), das offenbar kurz vor dem Druck von *Der nationale Gewinn* im Juni oder Anfang Juli 1765 veröffentlicht wurde. Der Autor war ein Staatssekretär im Kriegsministerium, Bengt Junggren (1739-1799). Gemäß seiner Ankündigung veröffentlichte Chydenius im November *Omständligt svar*, das seinen Gegenangriff auf *alle* Schriften darstellte, die *Källan* kritisiert hatten. Siehe Link #11.

DENKSCHRIFT ÜBER DIE PRESSEFREIHEIT
1765

Anders Chydenius verfasste 1765 das «Memorial om tryckfriheten» (Denkschrift über die Pressefreiheit), in dem er die Bedeutung der Pressefreiheit für eine freie Gesellschaft betonte. Er argumentierte, dass ohne diese Freiheit die Stände nicht über das notwendige Wissen für die Gesetzgebung verfügten, die Verwaltung unkontrolliert bliebe und die Bürger ihre Rechte und Pflichten nicht kennen würden. Chydenius sprach sich gegen die Vorabzensur durch Einzelpersonen aus, da dies die Gedankenfreiheit einer ganzen Nation aus persönlichen Gründen gefährden könnte. Stattdessen plädierte er für die Verantwortung der Autoren und eine nachträgliche rechtliche Prüfung von Veröffentlichungen.

Historischer Kontext

In der «Ära der Freiheit» (1719-1772) erlebte Schweden eine Phase parlamentarischer Dominanz mit lebhaften Debatten über Bürgerrechte. Die 1766 verabschiedete Pressefreiheitsverordnung, maßgeblich von Chydenius beeinflusst, war weltweit die erste ihrer Art, hob die Zensur auf, garantierte die Pressefreiheit und führte das Öffentlichkeitsprinzip ein, das den Zugang der Bürger zu staatlichen Dokumenten ermöglichte. In Schweden wird dies als Prinzip öffentlichen Zugangs zu offiziellen Aufzeichnungen (offentlighetsprincipen) bezeichnet.

Chydenius' Denkschrift war wie sein Engagement ein zentraler Beitrag zur Förderung von staatlicher Transparenz und Meinungsfreiheit in Schweden.

DEMÜTIGE DENKSCHRIFT

Abschrift vorgelegt dem Dritten Ausschuss der Großen
Deputation am 12. November 1765.

Es bedarf keines Beweises, dass eine gerechte Freiheit
des Schreibens und Druckens zu den festesten Säulen
gehört, auf denen eine freie Regierung ruhen kann;
denn andernfalls könnten die Reichsstände niemals
die erforderliche Kenntnis besitzen, um gute Gesetze
zu schaffen, die Gesetzesvollstrecker wären bei der
Ausübung ihres Amtes keiner Kontrolle unterworfen,
und diejenigen, die ihrer Gerichtsbarkeit unterstehen,
hätten kaum Kenntnis von den Anforderungen des Gesetzes, den Grenzen der Amtsgewalt und ihren eigenen
Pflichten. Bildung und gesunder Menschenverstand
würden unterdrückt, Rohheit in Gedanken, Ausdruck
und Verhalten würden sich durchsetzen, und binnen
weniger Jahre würde sich eine schreckliche Finsternis
über das gesamte Firmament unserer Freiheit legen.
Doch auf welcher Grundlage diese Freiheit richtig zu
begründen sei, sodass sie einerseits nicht durch Einzelne unterdrückt werden kann und andererseits nicht in
willkürliche Ausschweifung verfällt, bedarf einer sorg-
fältigeren Betrachtung.
    Die Frage lässt sich in zwei Hauptpunkte unterteilen:
1. In wessen Verantwortung soll der Druck geschehen,
und **2.** unter welchen Gesetzen?
    Drei Alternativen verdienen besondere Prüfung hier-
bei: ob die Zensur **1.** einem Einzelnen, **2.** dem Autor
oder **3.** mehreren Personen übertragen werden soll.

Ich kann nur zu dem Schluss kommen, dass es für die Freiheit am gefährlichsten wäre, diese Aufgabe einem einzigen Mann zu überlassen und ihn damit zum Richter über Gedanken und Vernunft der gesamten Nation zu machen; selbst wenn er ein Vorbild wäre, würde dies eine unglaubliche Last für das Buchwesen bedeuten, da weder Zeit noch Unparteilichkeit ausreichen würden, und die so geöffnete Tür für Eigeninteresse könnte in einer solchen Autokratie niemals geschlossen werden. Nichts dürfte dann erscheinen, was in irgendeiner Weise seine persönlichen Interessen berührt, selbst wenn das öffentliche Interesse es verlangt. Der Zensor könnte so diejenigen um ihren Lebensunterhalt bringen, die nur über gelehrte Bildung verfügen und durch ihre Schriften leben wollen, er könnte aus persönlichem Hass gegen bestimmte Personen oder Wahrheiten nützliche Informationen zurückhalten und durch Förderung ihm genehmer Publikationen und Behinderung der anderen — was mir das empfindlichste Problem scheint — könnte er binnen weniger Jahre die Nation nach seinem eigenen Bild formen, was Denkweise, Ausdruck und selbst die Gesetzgebung betrifft.

Die tägliche Erfahrung lehrt uns, dass man sich weder auf den Wortlaut von Instruktionen noch auf Gesetze verlassen kann, wenn die Sache nicht von selbst reguliert wird. Nichts über Politik kann so vorsichtig geschrieben werden, dass es nicht von einer Obrigkeit oder von der vorherrschenden Meinung als grundgesetzfeindlich angesehen wird, sobald es deren Interessen und Zielen widerspricht, und daher unterdrückt wird. Dazu bedarf es nichts weiter als einer bloßen Verzögerung in der Zensur solcher Schriften, um die Autoren zu zermürben — was binnen weniger Jahre eine ganze Nation verwandeln kann.

Die Freiheit eines Volkes wird nicht nur durch Gesetze, sondern auch durch öffentliche Information und Kenntnis ihrer Anwendung bewahrt.

Zur **zweiten** Alternative, die Verantwortung den Autoren zu übertragen, sehe ich vor allem drei Probleme:

1. könnten weder anonyme noch pseudonyme Autoren etwas drucken lassen, obwohl sie oft die besten Informationen liefern und objektiver gelesen werden. *Non quaeritur quis, sed quid.*[1]

2. Als Nächstes scheint es bedenklich, dass der Staat den meisten Autoren nicht trauen könnte, sollte ein Verleumder Schmähschriften verbreiten, oder ein unwissender oder kleiner Autor nicht in der Lage sein, sein eigenes Unglück zu vermeiden.

3. Schließlich fehlt den meisten auch die Unparteilichkeit und das Urteilsvermögen, ihren eigenen Schriften den rechten Wert beizumessen.

Welcher demütige, arme und wehrlose Autor wäre dann sicher genug, das Geringste gegen eine übergeordnete Macht zu schreiben, wenn er sehen müsste, dass er leicht für die Wahrheit und die Freiheit seiner Mitbürger geopfert werden könnte?

Ich zögere daher nicht, mich für die **dritte** Möglichkeit auszusprechen: dass die Zensur mehreren Personen anvertraut wird, wobei der Wettbewerb unter ihnen eher zum Anreiz als zur Hemmung reflektierender Talente

---

[1] «Es kommt nicht darauf an, *wer* es sagt, vielmehr *was* gesagt wird.»

wird. Diese Form der Zensur könnte auf zwei Weisen umgesetzt werden: **entweder** werden für jede Wissensrichtung bestimmte Zensoren bestellt **oder** die Verantwortung wird einfach den Druckern überlassen. Lassen wir uns ansehen, was dem Gemeinwesen mehr Nutzen bringt. Die erste Alternative birgt große Nachteile.

1. würde unter ihnen ein eifersüchtiger Streit über die Grenzen der Disziplinen entstehen, die doch vielfach miteinander verwoben sind. Dann

2. würde unser ohnehin belasteter Staatshaushalt durch hohe Besoldung zusätzlich belastet.

3. würden Wissenschaft und Gelehrsamkeit durch Bestechung oder Pflichtabgaben an die Zensoren zusätzlich belastet.

4. bliebe der politische Aspekt unserer Druckfreiheit — das kostbarste Gut der Freiheit — weiter unter der Herrschaft eines *censor politicus*, also eines politischen Zensors, der seine Autokratie fortführen würde.

Wenn man ferner vorschlagen wollte, die Literatur auf den akademischen Weg zu zwingen und alle zur Veröffentlichung bestimmten Schriften den entsprechenden Fakultäten zuzuweisen und von dort einzelnen Professoren zur Prüfung und Aufsicht zu übergeben, so würde dies die Literatur eher belasten als erleichtern.

1. Für jene, die nicht in der Nähe einer Universität wohnen, bedeutete es einen weiten Umweg, sämtliche Arbeiten dorthin zu senden.

2. Zusätzliche Kosten für Versand, Rücksendung, Bezahlung des Mittelsmannes und Entlohnung des Zensors.

3. Großer Zeitverlust, sodass sowohl Autor als auch Drucker die Geduld verlieren könnten, ehe ein Werk überhaupt zur Presse gelangt.

Anders Chydenius

4. Es bliebe bei der alten Bevormundung über Gedanken und Vernunft.

5. Ein Gebührenmonopol in der Hand der Zensoren.

6. Ein und dasselbe Schriftstück müsste mitunter durch alle vier Fakultäten zensiert werden, da es gleichzeitig theologische, juristische, medizinische und philosophische Inhalte enthalten kann.

7. Man könnte die Professoren nicht verpflichten, solche Schriften zügig zu bearbeiten, da sie sich stets auf ihre Vorlesungen, Disputationen oder andere zeitraubende Pflichten berufen könnten.

Es bleibt daher nichts anderes, als die Verantwortung den Druckern zu übertragen, nachdem alles, was den Grundlagen der Religion betrifft, ausgenommen wurde. Sie sollen auf eigene Verantwortung, nach klaren Vorschriften, das drucken, was sich sinnvoll verwerten lässt.

Die Vorteile, die auf diese Weise der Literatur erwachsen würden, sind, wie ich überzeugt bin, von erheblicher Tragweite.

1. Ein Autor würde sich die mühselige Unannehmlichkeit ersparen, über mehrere Monate hinweg bei einem Zensor vorstellig zu werden, der in Papier erstickt.

2. Er würde etwa zehn Prozent der gesamten Vorschusskosten für den Buchdruck einsparen, die derzeit an die Zensur zu zahlen sind.

3. Die Schriftsteller würden durch wachsenden Wettbewerb untereinander angespornt, sodass die Druckereien aus einer Vielzahl eingereichter Werke die besten auswählen und zur Veröffentlichung bringen könnten.

4. Zwischen den Druckereien entstünde ein noch größerer Wetteifer, sich im ganzen Land durch gelehrte,

elegant geschriebene und nützliche Werke, die aus ihren Pressen hervorgehen, einen Namen zu machen.

5. Der Staat und die Regierung hätten im Falle eines Verstoßes gegen die Vorschriften eine verlässliche Anlaufstelle in den Druckereien selbst — weit mehr, als man je von einem fehlbaren Zensor oder Autor erwarten könnte. Denn die Druckereien verfügen über einige der wertvollsten Werkstätten des Landes, deren technische Ausstattung allein ein Kapital von 60 000 bis 70 000 Daler kmt[1] darstellt, das sich weder leicht verlegen noch außer Landes schaffen lässt.

Darüber hinaus sind die Drucker in vielfältige Geschäfte eingebunden und aus all diesen Gründen durch die Natur ihres Gewerbes weit weniger geneigt, sich der Verantwortung zu entziehen, als es bei Zensoren oder Autoren unter genauer Beobachtung der Fall sein könnte. Sie können sich eine auferlegte Geldstrafe von mehreren Tausend Daler leisten und sie an die Krone entrichten, während ein Autor oft nicht einmal einen Styver[2] aufbringen kann.

Wenn ein Drucker seine Freiheit missbraucht, kann die Geldstrafe seinen Ruf ruinieren und seine wirtschaftliche Kraft schwächen; sein Fall wird zum abschreckenden Spiegel für andere, der zeigt, was Maßlosigkeit kosten kann — und dies, ohne der Literatur im Geringsten zu schaden. Sechstens, auf diese Weise würden unsere Druckereien auch einen Ruf erwerben,

---

1 «Daler kmt»: Daler kopparmynt (Kupfermünze). Im 18. Jahrhundert (bis 1776) galt: 1 Daler smt (Silbermünze) = 3 Daler kmt (Kupfermünzen). Daler smt und Daler kmt waren die wichtigsten Währungseinheiten in Schweden bis zur Reform 1776.

2 «Styver»: bis 1776 die inoffizielle Bezeichnung für 1 Øre courant (Silbermünze, entsprach ⅛ Øre).

der dem Ernst und der Verantwortung ihrer Arbeit entspricht, da gelehrte Männer gerne an einem so freien und bedeutsamen Unternehmen mitwirken würden.

Dass die Mehrheit der Drucker im Lande gegenwärtig nicht über das notwendige Verständnis dafür verfügt, darf uns keineswegs davon abhalten, diesen Vorschlag unverzüglich in die Tat umzusetzen. Wie oft geschieht es doch, dass einfach denkende Menschen nach einem Gesetz verurteilt werden, dessen Existenz sie nicht einmal kannten? Doch wenn das Gesetz knapp und klar gefasst ist, sollten die Drucker sehr wohl in der Lage sein, es zu befolgen. Es wird dann vielmehr auf die Sorgfalt und Verantwortlichkeit derjenigen ankommen, die den Sachverhalt selbst nicht verstehen, gebildete, gewissenhafte und rechtschaffene Männer zu beauftragen, die die eingehenden Manuskripte durchsehen — zu welchen Bedingungen auch immer sie dies für angebracht halten —, und denen sie einen wesentlichen Teil ihres geschäftlichen Wohlergehens anvertrauen können. Genau dies müssen fast alle Beamten ohnehin in ihrer täglichen Arbeit tun, da ihnen die Zeit fehlt, sich persönlich um alle Einzelheiten zu kümmern. Auch würden den Druckern daraus keine erheblichen Kosten entstehen, sofern sie sich auf gebildete und redliche Personen von bescheidenem Ruf beschränken — unter denen sich nicht selten mehr Fleiß, Einsicht und Urteilsvermögen findet als unter jenen, die durch äußerlich glänzendere Fähigkeiten hervorstechen.

Auch müsste man nicht befürchten, dass das Land infolgedessen mit einer Flut wertloser Schriften überhäuft würde. Denn der Wettbewerb um den Absatz würde die Drucker beständig dazu anhalten, das allgemeine Publikum zufriedenstellen zu wollen. Für die Bedürfnisse der Gelehrten würden nur die besten Werke jeder einzelnen Wissenschaftsrichtung gedruckt werden. Die Drucker würden sich dann um einen regen Austausch über Bücher bemühen, sowohl im Inland als auch mit dem Ausland. Sie würden danach streben, jene zu bedienen, die der Literatur zugetan sind, und daher nur Meisterwerke zur Veröffentlichung bringen. Sie würden den Bürgern den Weg erleuchten, sie lehren, ihr Vaterland zu erkennen, ihren König zu verehren und den Gesetzen des Reiches zu gehorchen.

Der Druck ist letztlich nichts anderes als eine Methode, seine Gedanken abwesend anderen mitzuteilen. Von Menschen eine derart vollkommene Darstellung ihrer Ansichten zu erwarten, dass sie keinerlei Widerspruch oder Abänderung unterliegt, ist völlig vergeblich. Ist die Aussage unsinnig, so werden sich bald welche finden, die sie widerlegen. Ist sie auf Wahrheit gegründet, so bleibt sie unüberwindlich, und keine Festung verdient größeres Lob als jene, die den heftigsten Belagerungen standgehalten hat. Ist der Fall zweifelhaft, muss die Wahrheit durch veröffentlichte Erwiderungen ermittelt werden. Wird das verweigert, so kann das aus keinem anderen Grund geschehen als aus Furcht vor dem Tag, an dem die Wahrheit ans Licht kommt. Und nichts ehrt die Unschuld mehr, als ihr zu gestatten, ihre Argumente öffentlich vorzutragen. Selbst wenn das Böse, das gedruckt wird, von mehr Menschen gelesen wird, als einer Rede zuhören könnten, so wird auch die darauf folgende Antwort von ebenso vielen gelesen und ruft eine umso tiefere Überzeugung hervor, sodass hierin ein vollkommenes Gleichgewicht besteht. Die Lüge bringt ihrem Urheber Schande, doch nützt sie dem Volk, indem die Wahrheit sich festigt und tiefere Wurzeln schlagen kann.

Ich komme nun zur **zweiten** Frage: nämlich unter welchem Gesetz diese Freiheit des Drucks zu begründen sei. Ich kenne viele schwedische Gesetze, deren Geltungsbereich oft ihre Befolgung übersteigt, und obgleich sie mit größtmöglicher Sorgfalt abgefasst sind, sieht man kaum eine einzige Zeile, die nicht der Missdeutung oder Umgehung offensteht. Glücklich das Volk, das kurze Gesetze hat und sie befolgt. Den bittersten Feinden des Reiches könnte man nichts Schlimmeres wünschen als eine Vielzahl verschiedenartiger Gesetze.

Ich bin der Ansicht, dass es aus wenigen, knappen Punkten bestehen könnte.

1. Alles, was die Grundlagen der Religion und Theologie betrifft, soll unter Aufsicht einer theologischen Fakultät oder, sofern keine solche besteht, unter Verantwortung eines allgemein anerkannten und gelehrten Theologen gedruckt werden.

2. Es soll verboten sein, irgendetwas zu drucken, das gegen unsere Regierungsform gerichtet ist, insofern es die abgeschworene Alleinherrschaft[1] und schädliche Aristokratie fördert, unter Androhung einer Strafe von 4 000 Daler smt. Sollten mehrere Personen sich

---

[1] «afsworna Souverainiteten»: Die Regierungsformen ab der Jahre 1719 und 1720 wandten sich gegen die souveräne Herrschaft des früheren autokratischen Herrschaftssystems. Im «Zeitalter der Freiheit» konnte eine Person nur dann ein Amt im Staat übernehmen, wenn sie den so genannten *suveränitetseden* (Souveränitätseid) leistete, d. h. der königlichen Alleinherrschaft abschwor und sich verpflichtete, jedem Versuch, sie wieder einzuführen, zu widerstehen.

beraten und Schriften veröffentlichen, die auf die Abschaffung der Freiheit abzielen, so sollen sie alle nach Kapitel 4, Paragraph 8 des Strafgesetzbuches bestraft werden.

3. Alles, was einzelne Personen in verleumderischer Weise angreift und gegen Tugend und gute Sitten verstößt, soll ebenfalls verboten sein, unter Androhung einer Geldstrafe von 1000 Daler smt, zusätzlich zu dem, was das Gesetz ohnehin vorschreibt. Wer dagegen verstößt, soll beim nächsten Termin des zuständigen Gerichts angeklagt und verurteilt werden, wobei der Drucker zunächst zur Verantwortung zu ziehen ist. Gelingt es ihm, die rechtliche Verantwortung auf den Autor zu übertragen, so bleiben dennoch beide haftbar. Keiner von beiden darf jedoch vor Gericht gestellt werden, sofern nicht ein *actor publicus*[1] ihnen zur Seite steht und den Fall führt; ebenso darf kein Urteil vollstreckt werden, das das Leben, den Lebensunterhalt oder die Ehre betrifft, bevor nicht die Reichsstände selbst darüber entschieden haben. Alle derartigen Fälle sind vom Richter unverzüglich zur Verhandlung zuzulassen und zu entscheiden, widrigenfalls er zur Rechenschaft zu ziehen ist.

Stockholm, 12. Juni 1765. Anders Kraftman.[2]

---

1 Im antiken Rom war der *actor publicus* ein Beamter, der die Aufsicht oder Obhut über die dem Staat gehörenden Sklaven hatte. Seitdem gilt ein *actor publicus* im Allgemeinen als Vertreter der Gemeinschaft (res publica), zum Beispiel bei Klagen gegen den Staat oder andere Behörden. Er wird oft auch *notarius publicus* genannt.

2 Anders Kraftman (1711-1791) war finnischer Lehrer und Parlamentsabgeordneter. In seinem Namen hat Anders Chydenius diese Denkschrift beim Reichstag eingereicht.

ÜBER DIE FREIHEIT DES DRUCKENS
1766

Hintergrund und Inhalt

Der Bericht wurde am 21. April 1766 auf dem Reichstag in Stockholm von einem Ausschuss vorgelegt und behandelt die Frage der Zensur sowie die Freiheit des Druckens in Schweden. Er entstand in einer Zeit, in der die schwedische Gesellschaft eine zunehmende Öffnung und einen Bedeutungszuwachs des ständischen Reichstags erlebte. Die wachsende Freiheit äußerte sich in einer zunehmend freien Presse und wachsenden öffentlichen Debatten. Der zusätzliche Bericht plädiert für die Abschaffung der Zensur und begründet dies sowohl mit praktischen als auch mit prinzipiellen Argumenten. Bereits im Dezember 1765 hatte Ander Chydenius in seinem «Bericht über die Freiheit des Schreibens und Druckens» («Betänkande om Tryckfriheten») die Bedeutung der Pressefreiheit für eine aufgeklärte und gerechte Gesellschaft dargelegt.

Kritik an der Zensur

Der Ausschuss argumentiert in dem Bericht, dass die bisherige Zensurpraxis willkürlich und ineffektiv war. Die Kontrolle durch den «Censor librorum» habe oft dazu geführt, dass Werke mit politischen oder religiösen Inhalten nach subjektivem Ermessen verboten oder zugelassen wurden. Dies sei besonders problematisch, weil der Zensor sowohl als Ankläger wie auch als Richter agierte.

Weitere zentrale Kritikpunkte sind:

→ Die Zensur verhinderte die Verbreitung «schädlicher» Werke nicht effektiv, da viele Bücher trotzdem importiert wurden.

→ Der Zensor hatte keinen realistischen Überblick über ausländische Literatur.

→ Wissenschaft und Literatur litten unter der Zensur, da sie kreative und intellektuelle Freiheit einschränkte.

→ Die Kosten der Zensur belasteten den Buchhandel und erschwerten den Zugang zu Wissen.

Vorschlag zur Reform

Der Bericht schlägt eine vollständige Abschaffung der Zensur vor und fordert stattdessen eine persönliche Verantwortung der Autoren für ihre Werke. Damit sollte ein Rechtsweg geschaffen werden, durch den problematische Veröffentlichungen nachträglich vor Gericht geklärt würden, statt sie vorher durch einen Zensor zu verbieten.

Bedeutung und historische Einordnung

Der Bericht war ein Meilenstein für die Pressefreiheit und führte noch im selben Jahr zur Verabschiedung des schwedischen Gesetzes zur Pressefreiheit (*Tryckfrihetsförordningen* 1766). Dies war das erste Gesetz weltweit, das die Abschaffung der Zensur und das Recht auf Informationsfreiheit festschrieb. Es beeinflusste später ähnliche Entwicklungen in anderen Ländern, insbesondere im liberalen Europa des 19. Jahrhunderts.

Fazit

Der Bericht ist ein historisches Dokument von großer Bedeutung, das die Grundprinzipien der modernen Meinungs- und Pressefreiheit formuliert. Er zeigt auf, dass eine freie Gesellschaft nur durch eine unabhängige Presse und die freie Verbreitung von Wissen existieren kann — ein Prinzip, das bis heute von zentraler Bedeutung ist.

ZUSÄTZLICHER BERICHT ÜBER DIE PRESSEFREIHEIT

Der zusätzliche Bericht des Dritten Ausschusses in der
Großen Deputation der ehrenwerten Stände des Reiches
über die Freiheit des Druckens,
vorgelegt auf dem Reichstag in Stockholm am 21. April
1766.

Da die ehrwürdige Große Deputation[1] am 7. April letzten
Jahres sowohl den Bericht des Ausschusses vom 18. Dezember 1765 als auch den beigefügten Entwurf einer
Verordnung zu billigen beschlossen hat und darüber
hinaus beschlossen hat, dass der Ausschuss auch ihre
Gedanken über die Zensur und die Druckereien und den
Buchhandel im Allgemeinen mitteilt, bevor die ehrwürdige Große Deputation den ehrwürdigen Reichsständen den oben genannten gebilligten Bericht vor-
legt, hat sich die Kommission in Anbetracht dessen mit
diesen Punkten befasst.

Die erste Frage, d.h. die Frage, wie die Zensur in Zukunft durchgeführt werden soll, wurde somit zum ersten Gegenstand der Beratungen des Ausschusses und
bedurfte umso mehr einer sorgfältigen Prüfung, als der
Ausschuss feststellte, dass die Zensur das Hauptthema

---

[1] In der «Riksens Ständers Stora Deputations» kamen Vertreter aller
vier Reichsstände (Adel, Klerus, Bürgertum, Bauern) zusammen. Sie
hatte die Aufgabe, politische, wirtschaftliche oder rechtliche Fragen
zu beraten und Beschlussempfehlungen für den gesamten Reichstag
zu formulieren. Die Deputation war eine Art Vorläufer der modernen
parlamentarischen Ausschüsse, aber mit ständischer Gliederung. Der
Dritte Ausschuss («Tredje Utskotts») war ein Teilorgan innerhalb der
Großen Deputation, zuständig für rechtliche und staatsbürgerliche
Fragen — insbesondere die Pressefreiheit.

in den ihm zur Ausarbeitung vorgelegten Dokumenten ist.

Zu diesem Zweck hat der Ausschuss versucht, die Gründe zu ermitteln, warum ein *Censor librorum*[1] in der Vergangenheit als notwendig erachtet wurde, darunter die folgenden:

1. dass der Zensor die zum Druck bestimmten Manuskripte durchzulesen und zu prüfen habe, ob sie etwas enthielten, was gegen die Religion, die politische Verfassung und die guten Sitten verstoßen könnte, und infolgedessen dem Königlichen Kanzleikollegium[2] mitzuteilen habe, ob sie zum Druck freigegeben oder verboten werden sollten, da sonst zu befürchten sei, dass schädliche Veröffentlichungen unter der Allgemeinheit verbreitet werden könnten;
2. die aus dem Ausland eintreffenden Bücher und Dokumente daraufhin zu prüfen, ob sich darunter solche befänden, die als staats- oder religionsschädlich angesehen werden könnten und die er dem Königlichen Kanzleikollegium zum Verbot zu melden habe;
3. die Aufsicht über die Bibliotheken im Königreich und insbesondere über die Königliche Bibliothek hier in Stockholm auszuüben.

---

1 «Censor librorium»: zeitgenössische lateinische Bezeichnung für den Buchzensor.
2 Das «Kanslikollegium» war eine zentrale schwedische Regierungsbehörde im 18. Jahrhundert, die sich mit Verwaltung, Diplomatie, Zensur und Gesetzgebung befasste. Besonders während der sogenannten Freiheitszeit 1719 bis 1772 war es eine wichtige Institution in der schwedischen Staatsführung, verlor mit der Rückkehr der absoluten Monarchie unter Gustav III. aber an Einfluss. Es gibt verschiedene Übersetzungsmöglichkeiten mit jeweils unterschiedlichem Aussageschwerpunkt: Königliche Kanzlei, Kanzleirat oder Kanzleibehörde.

4. Außerdem, viertens, hat der Zensor erklärt, dass ihm die Aufgabe übertragen wurde, den Autoren nützliche Themen zur Ausarbeitung zuzuweisen und dabei begabte Schriftsteller auszuwählen und sie zu einer gründlichen Arbeit zu ermutigen, wodurch man glaubte, dass eine Reihe von Werken von öffentlichem Nutzen veröffentlicht werden könnten; während es auch die Aufgabe des censor librorum war, überall mit größter Sorgfalt für Homogenität in der tatsächlichen Orthographie oder Schreibweise zu sorgen, um die schwedische Sprache klar und attraktiv zu machen.

Der Ausschuss hat aber auch erwogen, ob nicht eine andere, der Sicherheit einer freien Nation besser entsprechende Lösung gefunden werden könnte, mit der derselbe Zweck erreicht, mehr Aufklärung im Lande verbreitet, die Voraussetzungen für die Literatur gelockert und gefördert und vor allem die Rechte und Freiheiten der Nation selbst und jedes einzelnen Bürgers am besten geschützt werden könnten.

In diesem Zusammenhang hat der Ausschuss insbesondere darüber nachgedacht, ob man bei der Veröffentlichung von Texten nicht, wie bei jedem anderen Geschäft auch, in erster Linie den Autor in den Mittelpunkt stellen und jedem Einzelnen die Verantwortung für sein Werk überlassen sollte, allerdings in der Weise, dass ihm in diesem Fall, ebenso wie in allen anderen Fällen, ein einem Schweden angemessener Rechtsweg garantiert wird.

Es kann im Allgemeinen nicht geleugnet werden, dass unter der strengen Zensur vergangener Zeiten

einiges veröffentlicht wurde, was ausdrücklich als re-
ligions-, staats- und sittenwidrig bezeichnet werden
konnte, da gerade der Zensor in Verbindung mit dem
Königlichen Kanzleikollegium das alleinige Recht hatte,
die vorgelegten Werke nach eigenem Ermessen anzunehmen oder abzulehnen, und gegenüber den Autoren sowohl als Ankläger als auch als Richter aufzutre-
ten, was dazu geführt hat, dass eine Reihe solcher Werke nachträglich als erlaubt oder schädlich bezeichnet
wurden, allerdings mit dem Unterschied, dass bei der
Königlichen Kanzlei die Gründe für das Verbot allmäh-
lich etwas ausführlicher in den Protokollen festgehalten
wurden, während der Zensor durch einfache Verweige-
rung seiner Unterschrift genau das gleiche Ergebnis erzielen konnte. Dass dies aber oft nur auf einer Vorliebe
oder einer Laune beruhte, lässt sich nicht bestreiten,
wenn man bedenkt, dass der Zensor den Druck von
Schriften verboten hat, die das Königliche Kanzleikollegium als unbedenklich ansah, und umgekehrt das Kanzleikollegium den Druck von Schriften verhinderte, die
der Zensor zum Druck freigab, während gelegentlich
ein Werk, das mit der Zustimmung beider veröffentlicht
wurde, später dennoch entweder vom Zensor oder vom
Kanzleikollegium als schädlich beschlagnahmt wurde.
Dann gibt es Manuskripte, die einmal unterdrückt und
ein anderes Mal zur Veröffentlichung freigegeben wurden. Es gibt Manuskripte, die mit dem Imprimatur[1] des
Zensors gebilligt wurden und dennoch, als sie bereits in
der Druckerei waren, verboten wurden, obwohl die darin zum Ausdruck gebrachten Wahrheiten nicht ver-

---

[1] Imprimatur ist die Druckgenehmigung.

Anders Chydenius

änderbar waren und sich weder die Gesetze noch das Regierungssystem geändert haben.

Wenn sich der Ausschuss mit der Sache selbst befasst, zeigt sich außerdem, dass kaum ein Werk so sorgfältig formuliert werden kann, dass man nicht sagen kann, es gebe Anlass zu irgendeiner Beleidigung des Regierungssystems oder weise auf Einzelpersonen hin und werde daher als subversiv, nicht als nützlich und gefährlich bezeichnet, das sind die üblichen Ausdrücke, mit denen sowohl die Zensoren als auch das Königliche Kanzleikollegium viele Werke unterdrückt haben, und dass kein Gesetz so klar formuliert werden kann, dass es nicht auf hundert Arten entstellt und falsch ausgelegt werden kann, wenn es in den Händen eines Anklägers liegt, der gleichzeitig der Richter in dem Fall ist.

Gesetze und ihre Einhaltung sind zwar oft der menschlichen Willkür unterworfen, aber das Licht der Nation, das kostbarste Juwel der Freiheit, der Aufsicht einer einzelnen Person anzuvertrauen, kann nur gefährlich sein. Daher scheint weder der Vorteil des Menschen gegenüber unschuldigen Tieren, nämlich seine Fähigkeit, sich gegenseitig Gedanken mitzuteilen, noch das bürgerliche Recht, die Nation aufzuklären, durch die Zensur angemessen geschützt zu sein.

Was nun die Prüfung ausländischer Bücher durch die Zensur betrifft, so muss der Ausschuss feststellen, dass bisher kein Zensor eine Auslandskorrespondenz geführt hat, durch die er sich die notwendigen Informationen über den Inhalt verschiedener ausländischer Bücher hätte verschaffen können, und dass es auch in keiner Weise möglich ist, bei der Kontrolle im Lager oder beim Auspacken in den Buchhandlungen in Anwesenheit des Zensors jedes Exemplar zu lesen, jedes Exemplar durchzulesen, was auch dazu geführt hat, dass eine Reihe fremdsprachiger, zügelloser Werke aus dem Ausland eingetroffen sind, die zuweilen als Verstoß gegen die guten Sitten in den Verkauf gebracht wurden, bevor der Zensor davon Kenntnis hatte, und zuweilen erst dann vom Zensor und dem Königlichen Kanzleikollegium verboten wurden, als sie tatsächlich im Verkauf waren, eine Gefahr, die unter normalen Umständen kaum zu vermeiden ist. Hinzu kommt, dass ein *Censor librorum*, der in Stockholm residiert, unmöglich verhindern kann, dass schädliche Bücher in die anderen Hauptstädte des Königreichs und über andere Landesgrenzen hinweg in Städte importiert werden, in denen es keine Konsistorien, Universitäten und Gymnasien gibt, und sie daher manchmal von relativ unerfahrenen Inspektoren geprüft werden.

Was die Aufsicht des Zensors über die Bibliotheken des Landes betrifft, so ist es für ihn auch ziemlich undurchführbar, in irgendeiner Weise in irgendeine Bibliothek einzugreifen, mit Ausnahme der Königlichen Bibliothek hier in Stockholm, der die Zensoren jedoch die geringste Aufmerksamkeit geschenkt haben, der es aber auch nicht an dem notwendigen Personal fehlt, um denjenigen zu helfen, die sie zu irgendeinem Zweck benutzen wollen.

Der Ausschuss hat auch keine Kenntnis davon, ob der Zensor Themen an Autoren, die aufgrund ihres Geistes und ihrer Begabung ausgewählt wurden, zur Ausarbeitung verteilt hat, wie erfolgreich dies war und welchen Nutzen die Öffentlichkeit daraus gezogen hat. Aber der Ausschuss möchte erklären, dass es der schwedischen

Nation niemals an gelehrten und an scharfsinnigen Schriftstellern auf allen Gebieten der Wissenschaft fehlen wird, solange die Literatur nicht von einer oder wenigen Personen in Fesseln gehalten wird, und sofern der Buchhandel so erleichtert wird, dass er rentabel werden kann, können die Autoren einige entsprechende Vorteile erlangen, und hervorragende Talente können ihre Namen verewigt sehen. Aber der beschränkte Spielraum für Ideen und Überlegungen, gepaart mit Elend und Verachtung, machen gelehrte und eifrige Männer zu Raritäten unter uns, die ihre besten Bemühungen in mittelmäßige Werke verwandeln, die Nation wird unwohl und lethargisch, und es ist sinnlos für einen Zensor, sie aus ihrer Erstarrung zu wecken, bis die Ursache ihrer Krankheit beseitigt ist.

Wahrheiten üben eine Überzeugungskraft auf das menschliche Herz aus, wenn man ihnen einfach erlaubt, es frei und ohne Zwang zu bestrahlen, Obskurantismus und Vorurteile dagegen lassen es ungerührt.

Was schließlich die Regelung der Rechtschreibung und der schwedischen Sprache durch den Zensor betrifft,[1] so möchte der Ausschuss erstens darauf hinweisen, dass solche Angelegenheiten bisher noch nie von einem Zensor in Angriff genommen worden sind, wovon alle schwedischen Publikationen, die veröffentlicht worden sind, ein unbestreitbares Zeugnis ablegen; und in der Tat scheint die Aufsicht über die Schreibweise und Orthographie der Muttersprache dieses Landes eine fast zu große Aufgabe für einen einzigen Zensor im ganzen Lande zu sein, da andere Gelehrte sich

---

1 Das hatte Niclas von Oelreich zur Verteidigung der Zensur angeführt.

darüber noch nicht einigen konnten, und sollte eher einer wissenschaftlichen oder literarischen Akademie überlassen werden, da die Schreibweise dann schließlich eine angemessene Einheitlichkeit erreichen könnte. Abgesehen davon ist eine solche Überwachung von vornherein unmöglich, da ein Zensor nicht die Zeit hat, jedes Zeichen in den aus dem ganzen Land eingehenden Manuskripten sorgfältig zu prüfen und sich noch weniger mit dem Korrekturlesen zu befassen, ohne dass dieses Ziel aber unmöglich erreicht werden kann.

In Anbetracht all dessen kann der Ausschuss daher nicht feststellen, dass der mit der Einführung der Zensur verfolgte Zweck vollständig erreicht wurde oder dass ihr Fortbestehen nicht mehr erforderlich ist.

Der Ausschuss hat es jedoch nicht dabei belassen, sondern hat seine Aufmerksamkeit weiter auf die schädlichen Folgen gelenkt, die die gewöhnliche Zensur sowohl für die Literatur als auch für das Land und die Freiheit mit sich bringt, Folgen, die der Ausschuss als umso bedenklicher ansieht, als er mit Sicherheit behaupten kann, dass die Gründe für den gegenwärtigen schlechten Zustand des Landes hauptsächlich auf Obskurantismus und Geheimhaltung zurückzuführen sind und keineswegs auf einen Mangel an Autoren, die danach streben, die Nation aufzuklären. Denn es ist eine unumstößliche Wahrheit, dass, wenn der Druck frei gewesen wäre, jene Übel nie hätten auftreten können, die unser Land in die Zahlungsunfähigkeit geführt haben und deren Ursachen die ehrenwerten Stände des Reiches so viel Zeit gekostet haben, um sie zu erkennen, und so große Anstrengungen, um sie während des gegenwärtigen Landtages zu beheben.

Da in freien Staaten Meinungs- und Parteistreitigkeiten fast unausweichlich sind und der Zensor daher einer der Parteien mehr zugeneigt sein muss, so ist es nicht minder sicher, dass er auch der Veröffentlichung derjenigen Werke, die ihre Meinung unterstützen, mehr Vorliebe entgegenbringen muss als denjenigen, in denen die Fehler der Partei, für die er Partei ergreift, dem Volk vor Augen geführt werden.

Solange also ein Zensor das Recht hat, alle Werke, die im Lande gedruckt werden sollen, zu inspizieren und zu prüfen, wird er immer in der Lage sein, entweder durch Verbote oder durch Änderungen in den Texten der Autoren oder sogar durch bloße Verzögerung derjenigen, die nicht seinem Geschmack entsprechen, viele nützliche Wahrheiten zu unterdrücken.

Dies ist für einen Staat immer dann besonders gefährlich, wenn die Regierung in der einen oder anderen Hinsicht ein Interesse verfolgt, das dem des Volkes zuwiderläuft.

Dass solche Dinge geschehen sind und daher wieder geschehen können, dafür liefert die Geschichte aller freien Staaten den klarsten Beweis, und es ist bekannt, dass die englische Regierung, als sie die Freiheit der Nation unterdrücken wollte, beschloss, den Grundstein dafür zu legen, indem sie einen Zensor einsetzte, und daher eifrig auf dieses Ziel hinarbeitete, und es wäre auch nicht gescheitert, wenn nicht einige aufgeklärte und entschlossene Patrioten dem Parlament die Folgen davon vor Augen geführt und dadurch einen solch gefährlichen Versuch verhindert hätten.

Der berühmte Maboth in England, der eine Zeit lang das Amt des Zensors innehatte, beweist dies ausdrücklich, als er bei seinem Rücktritt vor dem Parlament sagte, dass er dies keineswegs nur deshalb getan habe, weil er seinen Beruf für überflüssig halte, denn er sei sich durchaus bewusst, dass das Amt des Zensors nicht das einzige in England sei, das als sehr wichtig angesehen werde, aber dennoch nutzlos sei, sondern vor allem deshalb, weil er es sowohl für die Autoren als auch für die Nation selbst als schädlich empfand, und dass die Ehre und Autorität, die er in dieser Hinsicht als Richter über die Gedanken und den gesunden Menschenverstand der gesamten Nation besaß, ihn nicht schmeicheln oder dazu bewegen konnte, es zum Schaden seiner Nation weiter zu behalten.[1]

Es ist dem Ausschuss auch nicht entgangen, dass, je

---

1 «Maboth»: Gilbert Mabbott (oder Mabbot), 1622 bis circa 1670, war der Zensor im Auftrag des Parlaments in England. Laut Chydenius trat er im Mai 1649 aus prinzipiellen und politischen Gründen zurück, aber es ist ebenso wahrscheinlich, dass er entlassen wurde. Er war nur zwei Jahre lang, 1647-1649, Zensor, und man sucht in der englischen Pressegeschichte vergebens nach einer Erwähnung von ihm und seinem Rücktritt. Er lebte in den unruhigen Jahren des Bürgerkriegs und der Revolution, die zur Abschaffung der Monarchie, zur Hinrichtung des Königs und zum Protektorat von Oliver Cromwell führten, einem zwar republikanischen Regime, das aber keine Pressefreiheit zuließ. 1647 erhielt er das Amt als Lizenzgeber für Wein und starke alkoholische Getränke, aber er trat 1649 zurück oder wurde entlassen. Das Amt des Lizenzgebers wurde jedoch nicht abgeschafft. Später bekleidete Mabbott das Amt des Lizenzengebers für alkoholische Getränke in Irland. 1768 erschien auf Schwedisch das Pamphlet *Maboths ansökning hos Parlamentet i England att få nedlägga sitt censorsämbete, såsom skadeligt för sanning och nationen* («Antrag von Herrn Maboth an das englische Parlament, sein Amt als Zensor abzuschaffen, da es der Wahrheit und der Nation schade»). Oft wurde vermutet, Chydenius sei der Herausgeber gewesen, aber das ist unwahrscheinlich, da Anders Nordencrantz denselben Text bereits 1761 als Teil eines seiner Bücher veröffentlicht hatte. Das Pamphlet ist angeblich aus dem Englischen oder Dänischen übersetzt worden, aber es lässt sich kein Original unter Mabbotts Namen finden. Der Originaltext von Mabbott, falls es denn jemals einen gab, gilt daher als verloren.

Anders Chydenius

ehrenvoller die Stellung des Zensors gemacht wurde und je freier er Zugang zu den Akten und vertraulichsten Vorgängen der Regierungsmitglieder und der Beamten hatte, diese in einem solchen Fall um so mehr darauf bedacht sein würden, ihn mit allen Mitteln auf ihre Seite zu ziehen, während er andererseits um so weniger Schwierigkeiten haben würde, mit ihnen gemeinsame Sache zu machen, als er sich gerade dadurch am sichersten vor der Verfolgung durch Autoren schützen könnte, die gegen eine solche vereinte Kraft überhaupt nichts ausrichten könnten. Unter solchen Umständen und wenn die Interessen dieser beiden Behörden so leicht zusammenfallen können, zu glauben, dass die Freiheit der Nation allein durch die persönlichen Qualitäten und die Unparteilichkeit des Zensors gut geschützt ist, kann in einer Zeit, in der berechtigte Beschwerden gegen hohe und niedrige Beamte so offen vorgebracht werden, nur gefährlich sein.

In dieser Hinsicht hat der Ausschuss zwar die Auffassung vertreten, dass die Sicherheit der Untertanen in einer freien Nation auf guten und eindeutigen Gesetzen beruhen muss, ist aber andererseits durch die Aufzeichnungen aller Epochen davon überzeugt worden, dass die Ausführung der Gesetze vor allem von einer relativen Gleichheit oder Gegenseitigkeit zwischen denjenigen, die befehlen, und denjenigen, die gehorchen, abhängt; denn wenn die ersteren eine um ein Vielfaches größere Macht als die letzteren besitzen, würde auch die Ausführung immer zum Vorteil der Mächtigeren und zum Unglück der Schwächeren erfolgen.

Gesetze sind nichts weiter als Worte und Sätze und haben niemals von sich aus eine Wirkung auf irgendjemanden; sie können daher von einer höheren Macht entweder willkürlich ausgelegt oder nicht angewandt werden oder aber, ohne jedes Risiko, völlig umgestaltet werden.

Obwohl der Ausschuss dergleichen in Schweden nicht festgestellt hat, wollte er in einer so wichtigen Angelegenheit, die die Aufklärung und die Freiheit der Nation betrifft, der ehrenwerten Großen Deputation diese weitreichende Befürchtungen nicht verschweigen, wenn es darum geht, ein Gesetz für die Zukunft zu erlassen.

Ebenso unglückliche Folgen sieht der Ausschuss als unvermeidlich an, wenn Verstöße gegen die geplante Verordnung von einem einzigen dafür vorgesehenen Gericht, wie dem Königlichen Kanzleikollegium, geprüft und beurteilt werden sollen, und wenn die Urheber in diesem wie in allen anderen Fällen sofort vor höhere Gerichte geladen werden, ohne dass ihnen *beneficia juris et processus*[1] zusteht.

Der Ausschuss hat daher alle bisher zu diesem Thema erlassenen Gesetze, Anordnungen und Verordnungen, die zu Verwirrung und Fehlinterpretationen führen könnten, beiseite gelegt und darüber hinaus die Verordnung darüber, was als rechtmäßig zu drucken oder nicht zu drucken anzusehen ist, in einer so kurzen und einfachen Form abgefasst, dass es nicht nur für einen Autor leicht sein sollte, sein Werk mit ihr in Einklang zu bringen, sondern mehr noch für die Richter an den ordentlichen Gerichten im Lande, ihre Urteile auf sie zu stützen, denn sie sind es, die in komplizierten Fällen,

---

[1] Bezeichnet das Recht, vor Gericht gestellt zu werden, um sich gegen Anschuldigungen zu verteidigen (deutsch als Rechtsfreiheit, Rechtswohltat oder Rechtsschutz bezeichnet).

die das Wohlergehen, das Leben und das Eigentum der Bürger betreffen, Urteile auf der Grundlage verschiedener obskurer Gesetze fällen müssen.

Der Ausschuss hat sich ferner mit der Frage befasst, welche Sicherheit die Nation gegen die Verbreitung schädlicher Werke in der Öffentlichkeit durch einen Zensor erlangt hat oder in Zukunft erlangen kann und wie seine Verantwortung definiert werden könnte.

Es ist eine unbestreitbare Tatsache, dass sowohl der Zensor als auch das Königliche Kanzleikollegium bestimmte Druckwerke, die vom Zensor genehmigt worden waren, verboten und beschlagnahmt haben, ohne dass der Zensor für seine Genehmigung zur Rechenschaft gezogen wurde oder den Autor oder den Drucker auch nur im Geringsten für seine Notlage entschädigt hat, und wie sehr das Gesetz in einem solchen Fall die Strafe für den Zensor auch erhöhen mag, so ist es doch nicht weniger offensichtlich, dass ein Autor oder Drucker vergeblich bei ihm Wiedergutmachung suchen wird, wenn er die volle Unterstützung der Regierung und der Beamten genießt.

Sollte der Zensor hingegen aus Unachtsamkeit oder Parteilichkeit, von der Sterbliche nur selten verschont bleiben, das Erscheinen von Schriften zulassen, die bestimmte Personen beleidigen, und den Autoren erlauben, sich der Verantwortung zu entziehen, indem sie sich hinter dem Zensor verstecken, werden sie nicht nur dreister sein, sondern das Opfer wird den Zensor verklagen müssen, was ihm in dem vorher vermuteten Fall nach einem langwierigen und ungewissen Verfahren einen so begrenzten Rechtsbehelf verschaffen dürfte, dass es kaum seinem Zweck dient, während nach dem

Entwurf des Ausschusses der Autor nach dieser Verordnung von der beleidigten Person vor dem zuständigen
Gericht angeklagt und wie in allen anderen Strafsachen
zur Verantwortung gezogen wird.

Zu den Faktoren, die in bemerkenswerter Weise die
Aufklärung und die Literatur im Lande fördern, gehört
zweifellos, dass die Autoren für ihre Mühe belohnt werden und die Preise der Bücher dennoch nicht übermäßig
steigen, so dass der Buchhandel im In- und Ausland mit
größerem Vorteil betrieben wird. In dieser Hinsicht
hemmt alles, was die Kosten eines Werkes unnötig erhöht, auch unmittelbar den Druck und den Verkauf von
Büchern, aber da die Verleger oder Autoren für die Überwachung und Genehmigung ihrer Veröffentlichungen
verpflichtet waren, den Zensor für seine Mühe geson-
dert zu entschädigen, und zwar über das Gehalt hinaus,
das er vom Staat erhält. Dies konnte nicht geschehen,
ohne die Literatur erheblich zu belasten, und kann auch
nicht verhindert werden, wenn das Amt des Zensors beibehalten wird, solange die Autoren, um ihre Schriften
drucken zu lassen, in irgendeiner Hinsicht die Gunst des
Zensors suchen müssen. Ein Hindernis für den schwedischen Buchhandel, das nach Ansicht des Ausschusses
ebenfalls beseitigt werden sollte.

Schließlich kann der Ausschuss auch nicht unerwähnt
lassen, dass die Belletristik selbst und die Pflege der
schwedischen Sprache nicht unerheblich behindert werden, wenn eine einzige Person, und sei es auch die lite-
rarischste, das Aufsichtsrecht über alle veröffentlichten
Werke hat, wobei sie alle im Grunde genommen, sozu-
sagen, aus demselben Holz geschnitzt sind, und die verschiedenen Denk- und Ausdrucksweisen, mit denen die

Anders Chydenius

Autoren auf ihre je eigene Weise zu überzeugen und zu fesseln vermögen und die in ihrer Freiheit miteinander konkurrieren, nicht wenig eingeschränkt werden, und zwar um so mehr, je mehr der Zensor sie seinem Geschmack anpasst. Es liefe sonst schwer, einen hinreichenden Grund zu zeigen, warum die schwedische Belletristik bis heute eher einem Säugling als einem voll entwickelten Körper gleicht, und es ist noch nicht geklärt, ob ihr Wachstum in den letzten Jahren nicht eher auf eine gewisse Nachsicht der Zensur als auf die Prüfung zurückzuführen ist, der sie dadurch unterzogen wurde. Sicher ist jedenfalls, dass je freier der Buchdruck in einer Nation war, desto genialere Werke wurden dort veröffentlicht, wovon insbesondere die englischen Werke ein unumstößliches Zeugnis ablegen.

So viele und seiner Ansicht nach sehr wichtige Gründe haben den Ausschuss unweigerlich und vollständig von der Schädlichkeit einer regelmäßigen Zensur in einer freien Nation überzeugt und davon, dass, welche Regelungen auch immer in Zukunft diesbezüglich erlassen werden, weder die Bildung, noch die Belletristik, noch die Freiheit selbst unter der Zensur gut geschützt werden können. In Anbetracht dessen empfiehlt der Ausschuss der ehrenwerten Großen Deputation in aller Bescheidenheit, dass die Zensur oder das Amt des Zensors, da es nutzlos, unnötig und schädlich ist, von nun an vollständig abgeschafft und das Gehalt des Zensors eingestellt werden sollte, sobald der derzeitige *censor regius*[1] durch Beförderung oder Tod ausscheidet, um dem Haushalt diese Kosten zu ersparen.

---

[1] Zensor im königlichen Dienst (Niklas von Oelreich trug diesen Titel!).

Im ersten Artikel dieser Verordnung, die die Zustimmung der Großen Deputation gefunden hat, wird bereits eine der Art des Vergehens angepasste Geldstrafe gegen denjenigen verhängt, der ein schädliches Schriftstück veröffentlicht oder drucken lässt, die, falls ein Zensor dies aufgrund seiner Imprimatur erlaubt hat, fairerweise nicht vom Autor oder Verleger, sondern vom Zensor eingefordert werden muss.

Die Vorteile einer solchen Schreib- und Druckfreiheit werden nach dem bereits Gesagten um so deutlicher hervortreten, als gerade dadurch und auf keine andere Weise die Freiheit des Volkes erhalten und die Liebe zu unserem förderlichen Regierungssystem vermehrt werden kann, da die Erfahrung aller Zeiten bezeugt, dass ein freies Volk sich nie in die Arme einer Autokratie gestürzt hat, wenn ihm nicht die Möglichkeit verwehrt wurde, seine Not zu beklagen, und Obskurantismus und Unterdrückung es zur Verzweiflung gebracht haben. Erst dann wird es möglich sein, dass sich die Schweden unter dem Schutz des Gesetzes gegenseitig über die wahren Interessen des Landes informieren und dass viele Vorurteile ausgeräumt werden, die sich gleichsam unter der Zensur festgesetzt und einen großen Teil der von der Staatsmacht erlassenen Gesetze untergraben haben. Dann könnten der gesunde Menschenverstand und die Talente ihren unangemessenen Zügeln entkommen und einen größeren Bereich gewinnen, in dem sie sich gegenseitig stärken könnten; schädliche und zügellose Schriften könnten dann mit größerer Verbindlichkeit und ohne gleichzeitig das Gute zu ersticken, durch die auferlegte Strafe zurückgehalten werden; die Unschuld würde dann in jedem Gericht durch das Gesetz geschützt, und der Geist der Rachsucht fände es weniger leicht, seinen Einfluss im ganzen Lande auszuüben, als in einem einzigen Gericht, und die Gegenseitigkeit, die der Ausschuss zwischen Klägern und Beklagten skizziert hat, wäre am wirksamsten, um mit diesem Gesetz eine unbeirrte Befolgung zu verbinden.

Der Ausschuss ist sich bewusst, dass dies in unserem Land immer noch auf großen Widerstand stößt, sah sich jedoch nicht in der Lage, den wahren Zusammenhang des Themas zu verschweigen, da er selbst so sehr von dessen Nutzen und Notwendigkeit überzeugt ist.

Die Freiheit der Nation ist immer proportional zur Freiheit des Druckens, die sie besitzt, so dass die eine nicht ohne die andere existieren kann. In dem Maße, in dem eine Nation frei ist, wird auch ihre Dreiheit zu Drucken dieselbe sein, aber im Gegenteil, wo der Druck durch irgendeine Form der Vormundschaft mundtot gemacht wird, ist es ein untrügliches Zeichen dafür, dass die Nation gefesselt ist, da man beobachtet, dass selbst unter autokratischen Regierungen, wo die Freiheit des Schreibens und der Rede geduldet wird, die Untertanen mehr von ihren bürgerlichen Rechten genießen als in bestimmten Staaten, in denen Gedanken und Vernunft durch die Einschränkung des Drucks gebremst wurden, obwohl sie sonst als frei gelten.

Auch hat der Ausschuss bei der Prüfung dieses Gegenstandes die wichtigsten Einwände nicht unberücksichtigt gelassen, die gegen die Abschaffung der Zensur vorgebracht werden können, wie z. B., dass es unwahrscheinlich ist, dass sie ohne die größte Gefahr durchgeführt werden kann, wenn ein Volk, das bisher einer Zensur unterworfen war, plötzlich von jeder Aufsicht befreit wird, während es noch nicht genügend erfahren und vorsichtig genug ist, um eine solche Freiheit richtig zu gebrauchen, die sich bald in Willkür verwandeln könnte, oder dass Autoren und Drucker durch die Haftung für solche Werke von der Veröffentlichung nützlicher Werke abgehalten werden könnten. Der Ausschuss sieht aber in diesem Falle keine Gefahr, da die in einer ausdrücklichen Verordnung festgesetzte Strafe die Verfasser vorsichtiger machen muss als früher, als sie nur auf die Unterschrift des Zensors ohne ein erlassenes Gesetz angewiesen waren, während andererseits die ehrenwerten Stände des Reiches selbst während dieses Reichstags durch die Veröffentlichung einer Anzahl von Traktaten über verschiedene Gegenstände ihnen den Weg bereitet haben, ohne Besorgnis das auszusprechen, wozu sie sich zur Verteidigung der Wahrheit berechtigt glauben.

Das Amt der Zensur beizubehalten, weil das Volk noch ungewohnt und unerfahren ist, ist dasselbe, wie den Grund beizubehalten, warum es bisher so war, und zu verhindern, dass es sich in Zukunft verbessert. Und wenn auch in den Werken, die nach der Abschaffung der Zensur veröffentlicht werden, einige kleine Unregelmäßigkeiten vorkommen mögen, so bleibt es doch eine Tatsache, dass es bisher nicht möglich war, sie zu vermeiden, obwohl sie unter dem Schutz eines prominenten Namens nicht so leicht berührt werden konnten. Wenn aber durch die Druckfreiheit ein größeres Ziel, nämlich die Freiheit der Nation, erreicht werden soll, so ist es nicht an der Zeit, um kleine Unannehmlichkeiten zu vermeiden, die unter den Menschen nie verhindert werden können, in einer Angelegenheit von so dringender Bedeutung für den künftigen Bestand des Landes und der Freiheit zu versagen, weil es den ehrenwerten Ständen des Reiches gefährlich erscheinen könnte, das Land und die Freiheit weiteren Gefahren auszusetzen, wenn die Übertragung der Zensur von dem Königlichen Kanzleikollegium auf den Zensor allein nur eine Übertragung der Macht von einer kollektiven Behörde in die Hände eines Einzelnen wäre, und die Wirkung und Befolgung, die man dann auch von den besten Gesetzen zu erwarten hat, von jedermann leicht wahrgenommen werden kann.

Wenn man hingegen, um solchen Unannehmlichkeiten vorzubeugen und damit ein Zensor nicht nach Belieben Schriften und Werke genehmigen und unterdrücken kann, darauf bestehen würde, dass die Befugnisse des Zensors nicht so weit gehen, dass er den Druck von irgendetwas positiv verhindern kann, sondern lediglich den Autoren gute Ratschläge geben kann und zwar das Recht hat, etwas in einem Text ausdrücklich zu genehmigen oder zu missbilligen, aber nicht die Macht hat, den Druck zu verhindern, wenn der Autor darauf besteht, da in diesem Fall auch der Druck in der Verantwortung des Autors, nicht aber in der des Zensors läge, stellt der Ausschuss in diesem Zusammenhang fest, dass selbst eine solche Kontrolle nicht nur sinnlos, sondern schädlich wäre.

Es wäre zwecklos, denn ein Autor, der es wagt, auf eigenes Risiko das zu drucken, was der Zensor missbilligt hat, und sich damit selbst in Gefahr bringt, kann sich dann viel leichter gleich für das verantworten, was der Zensor als unbedenklich angesehen hat. Wenn der Zensor keine Befugnis hätte, den Druck zu verbieten, könnte er auch nicht für das verantwortlich gemacht werden, was er rät, so dass er sich dann umso leichter von Launen leiten ließe, und seine Ablehnung würde einen gewissen Druck auf den Richter ausüben, seine Wünsche gegenüber einem wehrlosen Autor zu unterstützen. Und obwohl ein guter Rat niemals verachtet werden sollte und vernünftige Autoren ihn wohl kaum jemals ignorieren werden, ob er nun von der Person, die das Amt des Zensors innehatte, oder von jemand anderem gegeben wird, gibt es dennoch keinen Grund, warum eine einzige Person im ganzen Land der Berater aller anderen werden sollte, oder warum andere gelehrte und ehrenwerte Männer nicht das gleiche Recht genießen sollten. Es ist daher eher zu befürchten, dass die Verleihung eines solchen Rechtes an einen Zensor schädlichere Folgen haben könnte, denn es könnten dadurch gelehrte und literarische Männer veranlasst werden, eher von dem Druck von Werken abzusehen, als Ratschläge und Anweisungen von einem anzunehmen, dem sie sich an Gelehrsamkeit und Erfahrung überlegen fühlen, in welcher Hinsicht sich das Komitee um so weniger irren dürfte, als es mit Sicherheit berichten kann, dass mehrere gelehrte Männer sich bereits geweigert haben, ihre Werke der Prüfung des Zensors zu unterwerfen, und daher, obwohl sie gegen die Zensurgesetze verstoßen haben, mehrere Ausgaben von ihnen hier in Stockholm ohne seine Unterschrift haben drucken lassen, aber durch die Erneuerung dieses Zwanges leicht davon abgehalten werden könnten, ihr Vaterland zu ehren und zu fördern. Die Literatur würde dann ebenso wie früher mit einer Gebühr an den Zensor belastet werden, die durch kein Verbot verhindert werden

Anders Chydenius

könnte; Behinderungen und Verzögerungen für das, was in gewissem Maße entweder den Interessen des Zensors oder seinen Ansichten zuwiderlaufen könnte, würden außerdem unweigerlich zum Schicksal vieler Werke werden; und schließlich würde die Freiheit des Schreibens nur dem Namen nach fortbestehen, wenn die Vergehen der Autoren von einem besonderen Gericht entschieden würden, das die gleiche Auffassung und das gleiche Interesse wie der Zensor hätte, oder wenn sie sich gegenseitig beeinflussen könnten.

Der Ausschuss hält es daher für um so dringender, dass unser geliebtes Vaterland den gegenwärtigen Augenblick für die Abschaffung der Zensur und die Verteidigung der Freiheit nutzt, wozu die Vorsehung selbst in jüngster Zeit in hervorragender Weise den Weg bereitet hat, da es sonst bald geschehen könnte, dass die Nation in einen neuen Nebel gehüllt wird, in dem das, was jetzt leicht zu erreichen wäre, zu einer anderen Zeit ganz unmöglich zu verwirklichen sein wird.

Jahr und Datum wie oben.
Im Namen des Dritten Ausschusses
der Großen Deputation
der Stände des Reiches.
Ut in protocollo,[1]
Christoffer von Kochen.[2] Anders H. Forssenius.
Leonard de la Rose. Johan Andersson.

---

1 Laut Protokoll.
2 In der entscheidenden Phase der Debatte über die Pressefreiheit übernahm Christoffer von Kochen den Vorsitz im Dritten Ausschuss, während der eigentliche Vorsitzende, Gustaf Gottfrid Reuterholm, verhindert war. Als Hauptautor gilt Anders Chydenius.

BRIEF AN NILS VON ROSENSTEIN
21. August 1793

Zusammenfassung

In seinem Brief an Nils von Rosenstein, ein bedeutender schwedischer Gelehrter und Politiker, bedankt sich Anders Chydenius für dessen Werk über die Aufklärung. Chydenius, selbst ein engagierter Verfechter von Pressefreiheit, wirtschaftlicher Freiheit und Aufklärung, betont seine Bewunderung für Rosensteins Einsatz für die Wahrheit und gegen die Kräfte der Unterdrückung.

Er schildert seine eigene lebenslange Auseinandersetzung mit der Aufklärung, angefangen mit seiner Arbeit im Reichstag von 1765/66, wo er die Abschaffung der Zensur unterstützte. Gleichzeitig äußert er seine Zweifel an den Folgen der Aufklärung, weil er mit Besorgnis sieht, wie im Namen der Freiheit in Europa «Anarchie» und Gewalt entstehen.

1793 war für die Menschen in Europa das Jahr, in dem die Französische Revolution in alltägliche Gewalt, Angst und ideologische Radikalität umschlug. Mit der Hinrichtung von Ludwig XVI. endete die Monarchie als göttliche Ordnung. Terror herrschte in Paris im Namen der Freiheit, Bürgerkrieg in weiten Teilen Frankreichs, Krieg in Europa.

Chydenius kritisiert die Machtausübung der europäischen Herrscher, die sich gegen die Aufklärung stellen, um ihre eigene Unfehlbarkeit durch Unterdrückung zu schützen. Er warnt vor charakterlosen Beratern und Ministern, die Regenten im Dunkeln halten, sie von ihrem Volk entfremden und nur sich bereichern. Er betrachtet dies als eine der größten Gefahren für die politische Stabilität.

Einordnung

Dieser Brief zeigt Chydenius' Spannung zwischen Idealismus und Realismus: Einerseits verteidigt er leidenschaftlich die Aufklärung und Pressefreiheit, andererseits erkennt er die Risiken von Revolution und Umsturz. Damit ist er ein früher Kritiker der Radikalisierung der Aufklärung und warnt vor den Gefahren eines ungezügelten Umbruchs.

Seine Gedanken besitzen hohe politische Relevanz, da sie den Übergang von der Aufklärung zur machtpolitischen Realität reflektieren. Besonders in Zeiten revolutionärer Umbrüche wurde diese Reflexion über die Grenzen der Aufklärung in Europa immer wichtiger. Das gilt aktuell erneut.

Fazit

Der Brief ist ein beeindruckendes Zeugnis der intellektuellen Auseinandersetzung mit den Idealen und Widersprüchen der Aufklärung. Chydenius zeigt sich als visionärer und konsequenter Denker, der für moralische Integrität und Führung, gespeist aus einem vorbildlichen Charakter, eintrat, hier für eine aufgeklärte Monarchie.

BRIEF AN NILS VON ROSENSTEIN
vom 21. August 1793 [1]

Kokkola, der 21. August 1793.
Ehrenwerter Kanzleramtsrat und Ritter des Königlichen
Polarsternordens. [2]

Gnädiger Herr,
nachdem ich bereits durch eine Rezension in der
Stockholms-Posten auf Ihre Abhandlung über die Aufklärung [3] aufmerksam gemacht wurde, die meine Lob-
preisungskräfte bei Weitem übertrifft, war ich sehr
überrascht, als mir auf Geheiß von Bürgermeister
Fagerström [4] ein Exemplar mit der Nachricht zugestellt

---

[1] Die englische Übersetzung trägt teilweise ein falsches Datum: 1783
statt 1793.

[2] Nils von Rosenstein (1752-1824) war Kanzleramtsrat, Sekretär der
Schwedischen Akademie ab 1786, 1787 wurde ihm der Polarsternorden
verliehen. Polar- oder Nordsternorden (bei Chydenius: *Nordstierne
Orden*, heute: *Nordstjärneorden*) war 1748 durch König Friedrich I. von
Schweden für zivile Verdienste gestiftet worden. Wahlspruch: *Nescit
Occasum*, d.h. «Er kennt keinen Untergang», eine Anspielung auf den
Polarstern, der im Norden nicht untergeht als Symbol für Beständig-
keit und Orientierung.

[3] Nils von Rosenstein, *Försök til en afhandling om uplysningen, til dess
beskaffenhet, nytta och nödvändighet för samhället, understäldt kongliga
Vetenskaps-academien vid præsidii nedläggande den 26 augusti 1789*, Stockholm 1793. «Versuch einer Abhandlung über die Aufklärung, über ihre
Beschaffenheit, ihren Nutzen und ihre Notwendigkeit für die Gesellschaft, vorgelegt der Königlichen Akademie der Wissenschaften an-
lässlich der Amtsniederlegung des Präsidiums am 26. August 1789.»

[4] Carl Johan Fagerström, Bürgermeister von Oulu. Seine Eltern waren
der Regimentskaplan des ostbottnischen Regiments Carl Fagerström
und Katarina Nyholm. Nach dem Tod ihres Mannes heiratete Katarina
Nyholm 1755 den Vater von Anders Chydenius, Jakob Chydenius, der
1754 Witwer geworden war. Carl Johan Fagerström, geboren 1751, ver-
brachte demnach seine Kindheit im Pfarrhaus in Kokkola.

wurde, dass es mir von Ihnen zugesandt wurde, bevor ich Zeit hatte, es in der Buchhandlung zu bestellen. Ich danke Ihnen in aller Bescheidenheit für dieses Geschenk, ohne Aussicht oder Hoffnung, meine Dankbarkeit jemals zeigen zu können. Aber es ist nicht der Wert des Buches, nicht einmal sein erschöpfender Inhalt, nicht einmal der Reiz des Themas selbst, obwohl es mein Lieblingsthema ist, seit ich zu denken begann, und das noch nie so gründlich erforscht wurde wie hier, das die tiefste Achtung und Bewunderung erregt hat, von der mein Herz überfließt. Nein, es ist etwas anderes, nämlich die Erinnerung an den Hauptverteidiger der Freiheit des Denkens und der Aufklärung im Norden, der trotz der Mächte der Finsternis und ihrer Intrigen mit dem Eifer, der die Wahrheit begleiten sollte, die eine grundlegende Notwendigkeit für die Gesellschaft ist, und der Klarheit, die allein eine unerschütterliche Überzeugung erzeugen kann, es gewagt hat, die Sprache der Wahrheit gerade zu dem Zeitpunkt zu sprechen, da die Vorstellungen vom Nutzen der Aufklärung für die Erhaltung der Gesellschaften in ganz Europa durch Wahnvorstellungen und Selbstherrlichkeit allzu sehr unter Druck geraten sind, und der sich in der mühsamen, aber glücklichen Lage befindet, solche Vorstellungen in genau Denjenigen einprägen und stärken zu können, der innerhalb von drei Jahren (Gott schütze den König) sich selbst groß und sein Volk durch die Aufklärung glücklich machen wird.[1]

Das Thema Euer Ehren hat schon seit 1762 meine

---

[1] Nils von Rosenstein war der Erzieher des Kronprinzen Gustav Adolf. Gustav Adolf bestieg den Thron im Jahr 1796, als er volljährig wurde.

Anders Chydenius

Aufmerksamkeit erregt, als ich zum ersten Mal die Werke des Handelsrats Nordencrantz las, und seitdem habe ich mich in meinem kleinen Kreis für die Aufklärung eingesetzt, besonders während des Landtags von 1765, als ich als Mitglied des Ausschusses für die Pressefreiheit 1766 mit dem damaligen Zensor, Kanzlei-rat[1] Oelreich, stritt, und die Unterstützung der Stände der Bauern und Bürger gegen die Mächtigen zur Abschaffung der Zensur erlangte und selbst in der Lage war, wenige Tage vor meiner Abberufung aufgrund meines Finanzsystems[2] die Denkschrift[3] zu verfassen, das vor meiner Abreise aus Stockholm die Zustimmung der Großen Deputation fand, wobei mir die Worte des Epaminondas in den Sinn kamen: *Satis vixi, invictus enim morior.*[4]

Als vor einigen Jahren, wenn ich mich recht erinnere, die Berliner Akademie der Wissenschaften[5] eine Frage vorschlug, ob die Aufklärung für die Untertanen eines Reiches nützlich oder schädlich sei, fühlte ich mich in meiner Seele entrüstet, als ich hörte, dass diese gelehrte

---

1 In der englischen Übersetzung heißt es *permanent secretary*. Das ist ein zu moderner, teilweise irreführender Begriff. Der *Censor librorum* war seit 1762 *Statssekreterare* im *Kanzslikollegium*.

2 Bezieht sich auf *Rikets hjelp, genom en naturlig finance-system* (Hilfe für das Königreich durch ein natürliches Finanzsystem). Link # 12.

3 Bezieht sich auf den in diesem Band enthaltenen *Zusätzlichen Bericht über die Pressefreiheit.*

4 Epaminondas, griechischer General und Staatsmann aus Theben, der 362 v. Chr. in einer siegreichen Schlacht starb. Das Zitat bedeutet: «Ich habe lange genug gelebt, unbesiegt nämlich sterbe ich.» Es stammt aus der Biographie, die der römische Geschichtsschreiber Cornelius Nepos (100 bis 28 v. Chr.) verfasste, *Excellentium imperatorum vitae*, Epaminondas, 9.

5 Bezieht sich auf die 1700 gegründete Königlich-Preußische Akademie der Wissenschaften.

Gesellschaft den höchsten Preis an zwei Personen vergab, von denen die eine die Frage bejahte und die andere verneinte, ohne dass ich eine der beiden Antworten hatte lesen können. Ich habe es jedoch mit voller Genugtuung gewagt, für die Freiheit gegen Vorurteile in denjenigen Zweigen einzutreten, die ich erreichen konnte, und habe mich gegen die Geheimhaltung und den Zwang in Bezug auf den Stapelhandel, das Warengesetz, den ländlichen Handel, die Währungspolitik und die Verteilung von Bediensteten durch Lose usw. ausgesprochen. Aber als ich vor einigen Jahren beobachtete, wie unter dem Banner der Aufklärung und der Freiheit Ströme von Blut flossen und sich unter dem heiligen Namen der Aufklärung eine Raserei der Selbstherrlichkeit in ganz Europa ausbreitete, die Herrschern, Untertanen und Bürger gleichermaßen mit der schrecklichsten Anarchie bedrohte, geriet meine Überzeugung (ich muss es offen zugeben) ins Wanken, und was für mich früher grundlegende Wahrheiten waren, begann mich hinsichtlich ihrer Richtigkeit zu beunruhigen, woraus Euer Ehren leicht schließen können, wie zufriedenstellend Ihre Abhandlung für mich war, der weder die Zeit, noch den Verstand, noch die Kraft hatte, eine Reihe von Angelegenheiten zu untersuchen, die in unserer Zeit so hoffnungslos verworren geworden ist.

Warum sind die Herrscher Europas dann so empfindlich gegenüber der Aufklärung? Warum wollen sie als unfehlbar angesehen werden und dulden keinen Widerspruch? Derjenige, der spottet, wird die Strafe für sein Verbrechen zahlen müssen, und eine Lüge kann immer widerlegt werden, aber wenn Genie, Wahrheit und Patriotismus unter der Vormundschaft des Druckers bleiben und er um seiner Sicherheit willen unter der unfehlbaren Göttlichkeit des Ministeriums, dann verstummt die Stimme der Wahrheit, der Patriot stöhnt, und die Obrigkeit schmiedet im Dunkeln ihre Fesseln und schmeichelt dem Herrscher mit Versprechungen der Erde und des Mondes, bis er merkt, dass er das Kostbarste verloren hat, was seine wesentliche Größe ausmacht, die Liebe seiner Untertanen, für deren Verlust er allerdings das Volk und nicht seine Berater verantwortlich macht. Wehe! Herrscher brauchen eine gewisse Größe in ihrer Seele, eine aufrichtige Redlichkeit in ihrem Willen und eine Unermüdlichkeit im persönlichen Überwachen, Handeln und Streben in verschiedenen Bereichen, wobei sie von allen gut denken, sich aber nie leichtfertig in die Arme ihrer Minister werfen. Es ist eine fast allgemein anerkannte Maxime der Regierung, alles Alte bei der ersten Gelegenheit umzuwerfen und von Anfang an Großes zu leisten; aber ich misstraue solchen Dingen: *moderata durant.*[1] Diejenigen, die die Ehre und den Namen von Herrschern tragen, sind oft selbst in Nebel gehüllt und haben keine Ahnung vom Glück ihres Volkes und von sich selbst, und was am erbärmlichsten ist, ihre Minister halten sie eifrig im Dunkeln, damit sie nicht erfahren, was die Minister bewirken und welche Besitztümer des Königreichs und seiner Bürger durch verschiedene Täuschungen in die Hände der Minister gefallen sind.

Die französischen Angelegenheiten sind noch zu kompliziert, als dass man den Ausgang vorhersehen könnte. Die Zeitungen beschreiben uns oft, dass die

---

[1] «Der Maßvolle hält durch.» Zitat aus Seneca, *Die Troerinnen*, Zeile 259.

Anarchie ihren Höhepunkt erreicht hat, aber man sieht an ihrem Mut, ihren großen Unternehmungen und ihrer unglaublichen Zähigkeit, dass es dort eine aktive Führung geben muss.

Gnädiger Herr! Entschuldigen Sie mein Geschwätz und erlauben Sie mir, mit tiefem Respekt und voller Zuversicht,

Euer ergebenster Diener zu sein,

Anders Chydenius.

BESIEDELUNG UND ERSCHLIESSUNG LAPPLANDS 1794/95

Hintergrund und Inhalt

Der von Anders Chydenius verfasste «Vorschlag zur Verbesserung Lapplands» (1794/95) beschäftigt sich mit der wirtschaftlichen und sozialen Entwicklung der weitgehend unbewohnten Gebiete im nördlichen Schweden (heutiges Finnland). Chydenius argumentiert, dass eine zu starke staatliche Regulierung das Wachstum hemmt, während eine liberale Wirtschaftspolitik neue Siedler und wirtschaftliche Dynamik fördern könnte.

Sein Vorschlag basiert auf drei Ideen:

→ **Freie Besiedlung:** Bestimmte Gebiete in Lappland sollten für Einheimische und Ausländer zur freien Besiedlung freigegeben werden.

→ **Gewerbe- und Handelsfreiheit:** Siedler sollten ohne Einschränkungen wirtschaften und handeln dürfen.

→ **Rechtssicherheit und Steuern:** Nach einer zeitlich befristeten Steuerbefreiung sollten die Siedlungen zur wirtschaftlichen Stärke des Königreichs beitragen.

Kritik an bestehenden Methoden

Chydenius lehnt Subventionen und künstliche Fördermaßnahmen ab, da diese oft zu kurzfristigen Erfolgen führten, aber langfristig keine nachhaltige wirtschaftliche Entwicklung brachten. Stattdessen plädiert er für eine marktwirtschaftliche Entwicklung, bei der die Regierung nur Hindernisse beseitigt, anstatt aktiv einzugreifen.

Vorgeschlagene Maßnahmen

→ Ein abgegrenztes Gebiet in Lappland (entlang der Grenze zu Norwegen) sollte als Experimentierfeld für wirtschaftliche Freiheit dienen.

→ Freie Niederlassung für alle, unabhängig von Herkunft und Stand, solange sie der lutherischen oder reformierten Religion angehören.

→ Jeder Siedler darf maximal eine halbe Quadratmeile Land beanspruchen, um Konzentrationen von Großgrundbesitz zu verhindern.

→ Unbeschränkte Gewerbefreiheit ohne Regulierungen oder Inspektoren.

→ Freiheit des Handels innerhalb und außerhalb von Schweden, um die wirtschaftliche Entwicklung zu fördern.

→ Sicherstellung der geistlichen, rechtlichen und militärischen Grundversorgung.

Historische Einordnung

Chydenius setzte sich als ein früher Vertreter liberaler Werte und Ideen für wirtschaftliche und persönliche Freiheit ein. Seine Vorschläge für Lappland sind ein Beispiel für eine protokapitalistische Siedlungspolitik, die wirtschaftliche Anreize über staatliche Kontrolle stellte — ein Ansatz, der später in den USA (Frontier-Politik) und in anderen Kolonisationsprojekten Europas Anwendung fand.

Fazit

Chydenius' Vorschlag ist ein visionäres Dokument der Wirtschaftsfreiheit und Dezentralisierung, das seiner Zeit weit voraus war. Er erkannte, dass wirtschaftlicher

Erfolg durch Eigenverantwortung, Unternehmertum und freien Handel entsteht, statt durch staatliche Bevormundung und Lenkung. Diese Prinzipien sind bis heute grundlegende Elemente der Marktwirtschaft. Chydenius plädiert für eine Sonderwirtschaftszone und eine Sonderrechtszone. Außerdem steht das Dokument zeitlos für funktionierende Entwicklungshilfe.

VORSCHLAG ZUR VERBESSERUNG LAPPLANDS
von A. Chydenius [1]

Wenn wir sorgsam auf die Kräfte des Landes an Menschen und Gütern blicken, so bemerken wir mit Betrübnis, dass weite Gegenden desselben gänzlich unbewohnt sind, und die übrigen sich in der beunruhigenden Lage befinden, dass sie in ihren Gewerben nicht einmal jene Anzahl an Menschen zu halten vermögen, die sie tatsächlich besitzen — obgleich jeder von ihnen an Arbeitskräften Mangel leidet, während Scharen von Menschen das Vaterland verlassen und damit unsere Nachbarn bereichern.

Nichts könnte daher ehrenvoller für unsere Zeit und vorteilhafter für unsere Nachkommen sein, als die Maßnahmen und Schritte zu ersinnen und umzusetzen, durch die entlegene und unbewohnte Gegenden des Reiches mit tätigen Bürgern erfüllt werden könnten.

Die Region Lappmarken, die innerhalb der Grenzen Schwedens liegt, ist ein so ausgedehntes Gebiet, dass ihre Besiedlung keineswegs als eine Angelegenheit von geringer Bedeutung betrachtet werden kann. Und obwohl dieser Teil unseres Nordens gemeinhin in vielerlei Hinsicht als von der Natur benachteiligt gilt, sollten wir dennoch niemals den Gedanken hegen, dass er nicht bewohnbar sei.

Die Erfahrung hat uns gelehrt, dass alle künstlichen Mittel, mit denen versucht wird, die Bevölkerungszahl eines Landes oder einzelner Industriezweige durch Sub-

---

1 Die Überschrift wurde später in einem anderen Blatt hinzugefügt.

ventionen oder andere Maßnahmen zu erhöhen, die den Rest des Staates belasten, völlig nutzlos sind und niemals zum rechten Ziel führen, sondern in aufwändige Einrichtungen münden, die einige wenige bereichern, sich aber auf lange Sicht nie selbst tragen.

Die Natur muss in solchen Angelegenheiten frei wirken dürfen, während es der Regierung obliegt, soweit möglich jene Hindernisse zu beseitigen, die durch bestehende Gesetzgebung der Bevölkerung auferlegt wurden.

In dieser Hinsicht sollte sich die Regierung auf drei Dinge beschränken:

1. Ein bestimmtes Gebiet in den unbewohnten Teilen des Reiches für einheimische oder ausländische Männer freizugeben, damit sie sich dort ungehindert niederlassen und nach bestem Vermögen selbst versorgen können. N.B.: Alle Privilegien und Sonderrechte, wie auch immer benannt, sollen innerhalb dieser Grenzen völlig kraftlos sein.

2. Die Rechtspflege aufrechtzuerhalten, d.h. zwischen Mein und Dein zu unterscheiden und das sittliche Verhalten nach dem Gesetz zu prüfen und zu beurteilen.

3. Zum Schutze dessen soll die Krone nach Ablauf einiger Steuerbefreiungsjahre eine angemessene Steuer erheben.

Was den ersten Punkt betrifft, da eine solche allgemeine Handelsfreiheit in Schweden nur als neues Experiment gelten kann, das in die bisherigen Sonderrechte der Bürger eingreift, ist es erforderlich, dafür ein Gebiet auszuwählen, das bisher nur sehr spärlich bevölkert war oder dessen Einwohner durch ihre bisher unter staatlicher Lenkung stehenden Erwerbsweisen wenig zur Erhaltung von Staat und Reich beitrugen.

Die schwedische Krone, deren Gebiet zu großen Teilen nahezu unbesiedelt ist, braucht nicht lange nach einem geeigneten Ort für ein solches neues Experiment zu suchen. Ihre ausgedehnte und fast völlig unbewohnte Region Lappmarken ist zweifellos die richtige. Besonders der an Norwegen grenzende Teil, bestehend aus Bergen, Sandheiden, Mooren und Sümpfen sowie größeren und kleineren Seen, ist kaum von anderen als einigen nomadisch lebenden Samen bewohnt — eine Region, die nach bisher geltenden wirtschaftlichen Maximen umso weniger Hoffnung auf Bevölkerungswachstum hegen kann, als selbst Provinzen mit milderem Klima ihre Einwohner nicht halten oder die Auswanderung verhindern können.

Daher sollte die Grenze für eine allgemeine Handelsfreiheit entlang der westlichen und nördlichen Seite der schwedischen Grenze verlaufen, südlich im Tal des Flusses Ume von der Wasserscheide in den Bergen bis zum unteren Ende des Sees Storuman; von dort sollte eine Linie nordwärts gezogen werden, um die Samen-Dörfer Ran und Gran im Bezirk Umeå, die Dörfer Sör- und Norrvåsterby[1] sowie Luokta im Bezirk Piteå, die Dörfer Kalasvuoma und Saarivuoma und die obere Hälfte von Enontekiö im Bezirk Torneå sowie im Bezirk Kemi alles das, was nördlich der Wasserscheide[2] liegt,

---

[1] Jetzt Mahasvuoma und Njarg.

[2] «fjällryggen» (heute *landrygg*, fi. *maanselkä*): trennt die Wasserwege, die in die Ostsee und das Nordpolarmeer fließen. Chydenius bezieht sich nur auf die Nordseite der Wasserscheide und vermutet, ein Teil der Gewässer fließe von dort in den Atlantik.

wo die Wasserläufe in den Atlantik und das Nordmeer fließen, zu umfassen.

Alle, die sich innerhalb dieser Grenze niederlassen wollen — ob Einheimische oder Ausländer, welchen Standes, Zustandes, Berufes oder mit welchen Vorrechten auch immer —, sofern sie der lutherischen oder reformierten Religion angehören, sollen die gleichen Rechte und Freiheiten genießen, mit Ausnahme dessen, was gesetzlich den zuständigen Amtsträgern in der Ausübung ihres Amtes zusteht. Jeder Reisende soll, solange er sich innerhalb dieser Grenze aufhält, die gleiche Freiheit genießen wie deren Einwohner.

Damit jedoch ein unternehmungslustiger Ansiedler nicht die Gelegenheit ergreift, mehr Land an sich zu bringen, als er zu bewirtschaften vermag, oder seinen friedlichen Nachbarn verdrängt, soll er beim Bezug eines Wohnsitzes nicht mehr als eine halbe Quadratmeile Land in Anspruch nehmen dürfen. Und wenn andere sich in derselben Gegend ansiedeln möchten, soll ihm dennoch kein größerer Anspruch zustehen.

Die wenigen Pioniersiedlungen, die dort bereits bestehen mögen, sollen alle ihre bisherigen Vorteile ungestört genießen, jedoch ohne das Recht, ungenutzte Wälder oder Ländereien zu beanspruchen oder andere vom Fischfang auszuschließen. Sie sollen ebenfalls unter den bisherigen Erwerbsbeschränkungen verbleiben, solange sie es wünschen; sobald sie jedoch in den Genuss der Rechte der anderen gelangen, sollen sie auch die gleichen Pflichten teilen.

Neben dieser Niederlassungsfreiheit — die an sich nichts weiter ist als eine Erlaubnis für das, was bisher niemand zu tun wünschte oder vielmehr abzulehnen

Anders Chydenius

geneigt war — sollen alle, die innerhalb dieser Grenze leben und wohnen, eine vollständige und uneingeschränkte Handelsfreiheit besitzen. Da man im Voraus weder sagen kann, welche Vorteile die Natur in diesem unbewohnten Land bereithält, noch welche Erwerbsformen sich dort entwickeln lassen, dürfen keine Gesetze oder Verordnungen für sie erlassen werden, noch sollen sie durch Inspektoren in ihrem Handel behindert werden, sondern sie sollen ein ebenso uneingeschränktes Recht haben, alle bekannten und unbekannten Vorteile und Ressourcen des Landes zu nutzen sowie alle in- und ausländischen Waren nach bestem Vermögen zu bearbeiten.

Da Waren nie ohne die Aussicht auf raschen Absatz erzeugt werden und noch nicht bekannt ist, welche Produkte hier entstehen könnten, müssen sie auch das uneingeschränkte Recht besitzen, die Erzeugnisse ihres Landes im Inland und Ausland, in Städten und auf dem Land zu veräußern und alles zu erwerben, dessen sie bedürfen.

Da es jedoch gegenwärtig wenig Hoffnung auf große Manufakturen gibt, die eine nennenswerte Bevölkerung ernähren könnten, besonders angesichts der Abgelegenheit der Region, und da die Erfahrung zeigt, dass ein freier Durchgangshandel selbst auf kargen Felsen Tausenden das Leben sichert, sollen die Einwohner auch völlige Freiheit besitzen, alle zum Import oder Export zugelassenen Waren zwischen allen drei Königreichen[1] zu befördern — mit der ausdrücklichen Bedingung, dass sie innerhalb der Grenzen dieser Region nie-

---

[1] Das bezeichnet Schweden, Dänemark-Norwegen und Russland.

mals durch Aufsicht oder Beschlagnahmungen belästigt werden, während sie außerhalb derselben sehr wohl nach den wirtschafts- und handelspolitischen Gesetzen des Reiches behandelt und beurteilt werden, mit Ausnahme der zuvor genannten freien Verfügung über ihre Waren.

Dies sind die wesentlichen Rechte, die den Bewohnern von Lappmarken zu gewähren sind und durch die man, unter Gottes mildem Segen, hoffen darf, dass die Region zur Macht und Ehre der schwedischen Krone bevölkert wird. Hier werden keine Zuschüsse, Vorschüsse oder Ausgaben auf unsicheres Ergebnis hin gewagt, hier wird kein Bürger besteuert, um anderen aufzuhelfen. Hier wird der Staat nicht mit neuen Beamten belastet, hier wird niemand zum Umzug gezwungen.

Könnte jemand zögern, ihnen solche Vorteile zu gewähren, wenn doch ohne weiteres Millionen an Bürgervermögen für die Errichtung von Fabriken und Manufakturen geopfert wurden, die möglicherweise ohne solche Hilfe und in Freiheit weiter gediehen wären als bisher?

Doch da auch solche wirtschaftlich freien Siedler in Lappmarken einer dreifachen Ordnung bedürfen, wenn sie ihr Glück in Maßen finden sollen, sind bestimmte Pflichten erforderlich, um sich zu erhalten:

1. die sorgfältige Pflege ihrer Seelen,
2. der Genuss des inneren Friedens, sowie
3. Schutz vor äußerer Gewalt.

Für das erste ist es erforderlich, dass die Regierung ihnen gewissenhafte und eifrige Geistliche zur Seite stellt, deren Gehälter anfangs, wie üblich, teils vom Staat getragen werden, bis die Bevölkerung soweit gewachsen ist, dass sie diese selbst angemessen entlohnen kann, was durch eine Vereinbarung unter Beisein der Landeshäupter und Vertreter der Konsistorien zu regeln und von der Regierung zu bestätigen ist.

Zur Aufrechterhaltung des inneren Friedens und der Sicherheit sollen sie zunächst, bis sie imstande sind, eigene Richter zu unterhalten, den bestehenden Gerichtsbezirken unterstellt bleiben, die ihre Streit- und Strafsachen beurteilen. Sobald sie aber eigene Gemeinden bilden können, sollen sie die Freiheit erhalten, auf ihnen genehme Weise eigene Richter zu wählen, denen sie das größte Vertrauen entgegenbringen, die jedoch alle drei Jahre zwingend zu wechseln sind und deren Unterhalt sie ebenfalls für die Dauer ihrer Amtszeit zu gewährleisten haben.

ZU GUTER LETZT: ZITATE ZUM MITNEHMEN

#Meinungsfreiheit

«Die Freiheit der Nation ist immer proportional zur Freiheit des Druckens, die sie besitzt, so dass die eine nicht ohne die andere existieren kann.»

Quelle: *Zusätzlicher Bericht über die Pressefreiheit*

Anders Chydenius hat als ein früher Altliberaler zeitlose und höchst aktuelle Einsichten zu bieten. Einige stehen am Ende dieses Buchs, als Anfang zum Umdenken und Bekräftigung dessen, was richtig war, ist und bleibt:

#Bürokratismus

«Die Zahl der unproduktiven Personen durch das Schaffen neuer Ämter zu erhöhen, ohne eines der alten abzuschaffen, bedeutet gleichzeitig, doppelt so viele Bürger aus den produktiven Berufen zu entfernen (von denen die eine Hälfte sofort die neuen Ämter besetzt und die andere Hälfte, in der Hoffnung, in diese befördert zu werden, die ersteren unterstützt und ihre Aufgaben erfüllt), was die Ausgaben erhöht, aber die Einnahmen verringert.»

Quelle: *Drei wirtschaftspolitische Fragen*

#Bürokratieabbau

«Wir streben danach, den nationalen Gewinn zu steigern, aber wir beschäftigen unsere Leute in einer Arbeit, mit der sie kaum ihr tägliches Brot verdienen können. Wir planen, die Dauer von Gerichtsverfahren zu verkürzen und die Einhaltung der Gesetze zu verbessern, aber wir vervielfachen täglich unsere Gesetze, sodass selbst ein Richter sie nur mit großer Mühe im Register finden kann und kaum einer von hundert seine Pflichten kennt. Sagen Sie mir, lieber Leser, wozu soll das alles letztendlich führen?»

Quelle: *Der nationale Gewinn*

#SozialeGerechtigkeit

«Ein Mann schneidet ½ Klafter Brennholz an einem Tag, während ich einen anderen drei schneiden sah. Der eine kann den ganzen Winter über kaum Zaunpfähle spalten und Brennholz hacken und verdient kaum mehr als sein Essen, während ein anderer Arbeiter in einer Werft oder auf einer Baustelle arbeitet und 600 Daler für seinen Herrn einbringt. Sollten sie dann den gleichen Lohn erhalten?

Wenn aber ein solcher Unterschied zwischen den Arbeitern halbiert und ein Mittelwert zwischen den Verdiensten beider gebildet wird, um einen bestimmten Lohn für einen Knecht zu erhalten, ist es klar, dass der eine zu viel und der andere zu wenig erhält.»

Quelle: *Drei wirtschaftspolitische Fragen*

#Umverteilung

«Je mehr Möglichkeiten es in einer Gesellschaft gibt, dass einige von der Arbeit anderer leben und je weniger andere die Früchte ihrer Arbeit genießen dürfen, desto mehr wird der Fleiß zerstört; die einen werden übermütig und die anderen verzweifelt, während beide nachlässig werden.»

Quelle: *Der nationale Gewinn*

#Mindestlohn

«Die Festlegung eines festen Preises oder Jahreslohns für Bedienstete erscheint mir zu unvernünftig. Denn erstens unterscheiden sich die Arbeitskräfte in Bezug auf Körperkraft, Neigung, Geschicklichkeit, Treue und Tugend erheblich, so wie sich Waren im Wert unterscheiden.»

...

«Zweitens ist das Verhältnis des Wertes des Dalers zur Arbeit und zu den Gütern zwischen den einzelnen Orten und Zeiten zu unterschiedlich, denn an einem Ort kann ich für einen Daler Güter erhalten, die an einem anderen für fünf Daler nicht zu haben sind. Es wäre daher ebenso unsinnig, den Bediensteten an verschiedenen Orten denselben Jahreslohn zu zahlen, wie dem inneren Wert der genannten Waren einen festen Preis aufzuerlegen, da ihr innerer Wert unendlich variabel ist.»

Quelle: *Drei wirtschaftspolitische Fragen*

#Angebot-und-Nachfrage-regeln-den-Preis

«Je notwendiger eine Ware ist und je geringer das Angebot, desto höher wird ihr Preis steigen. Aber je teurer eine Ware an einem Ort ist, desto größer ist der Zustrom dieser Ware aus anderen Orten, die ohne sie auskommen können.»

Quelle: *Drei wirtschaftspolitische Fragen*

#Arbeitsteilung

«Unsere Bedürfnisse sind vielfältig, und niemand ist in der Lage, sich auch nur das Nötigste ohne die Hilfe anderer Menschen zu beschaffen, und es gibt kaum eine

Nation, die nicht auf die Hilfe anderer angewiesen gewesen wäre.»

Quelle: *Der nationale Gewinn*

#Dirigismus

«Die Erfahrung hat uns gelehrt, dass alle künstlichen Mittel, mit denen versucht wird, die Bevölkerungszahl eines Landes oder einzelner Industriezweige durch Subventionen oder andere Maßnahmen zu erhöhen, die den Rest des Staates belasten, völlig nutzlos sind und niemals zum rechten Ziel führen, sondern in aufwändige Einrichtungen münden, die einige wenige bereichern, sich aber auf lange Sicht nie selbst tragen.»

Quelle: *Besiedelung und Erschließung Laplands*

#Etatismus

«Vorschriften, Verordnungen, ausschließliche Privilegien, Verbote aller Art bis hin zu offenkundigem Neid zwischen Staaten und Bürgern sind die Schritte, mit denen Schweden beschlossen hat, die Spitze seines Glücks zu erklimmen. Was für eine sinnlose Verkomplizierung und vergebliche Anstrengung!»

Quelle: *Die Quelle der Schwäche unseres Landes*

#Zersetzung

«Die Geschichte zeigt auch, dass nicht annähernd so viele Gesellschaften durch äußere Feinde gestürzt wurden wie durch innere, die sich im Gewand von Mitbürgern versteckt haben.»

Quelle: *Die Quelle der Schwäche unseres Landes*

#Egoismus

«Jeder Einzelne strebt nach seinem eigenen Vorteil. Diese Neigung ist so natürlich und notwendig, dass jede Gesellschaft auf der Welt darauf basiert: Andernfalls gäbe es keine Gesetze, Strafen und Belohnungen und die gesamte Menschheit würde innerhalb kurzer Zeit vollständig zugrunde gehen. Die Arbeit wird immer am besten belohnt, die den größten Wert hat und am meisten nachgefragt wird.»

Quelle: *Der nationale Gewinn*

Last Check 12. 04. 2025. — Alle Links dienen dem Beleg von Aussagen und sind Zitaten aus gedruckten Publikationen gleichzusetzen. Der Autor übernimmt ebensowenig die Verantwortung für die Richtigkeit der Inhalte oder die Rechtskonformität der genannten Websites wie das bei Zitaten aus Büchern selbstverständlich der Fall ist. Die Linkliste wurde hier an den Schluss platziert, nicht um sie gegenüber andern Quellen hervorzuheben, sondern weil die Links ihrer Länge und Untrennbarkeit wegen schlecht in den Satzspiegel zu bringen sind. Die Verfügbarkeit habe ich mehrfach getestet, dennoch können die Inhalte geändert oder gelöscht oder die verlinkten Websites ganz vom Netz genommen worden sein.

Link #01: https://kootutteokset.chydenius.fi/en/

Link #02: https://kootutteokset.chydenius.fi/en/elama-ja-kirjoitukset/

Link #03: https://kootutteokset.chydenius.fi/en/kirjoituksia/utflyttning/

Link #04: https://kootutteokset.chydenius.fi/en/the-diet-of-1765-6/#ph_kpl_51

Link #05: https://kootutteokset.chydenius.fi/en/the-diet-of-1765-6/#ph_kpl_47

Link #06: https://kootutteokset.chydenius.fi/en/kirjoitukset/utflyttning-§-12/#ph_kpl_06

Link #07: https://kootutteokset.chydenius.fi/en/kirjoituksia/tre-politiskt-ekonomiska-fragor/

Link #08: https://kootutteokset.chydenius.fi/en/commentary-on-the-answer-to-the-question-on-rural-trade/

Link #09: https://kootutteokset.chydenius.fi/en/the-diet-of-1765-6/

Link #10: https://kootutteokset.chydenius.fi/en/the-diet-of-1765-6/

Link #11: https://kootutteokset.chydenius.fi/en/commentary-on-the-source-of-our-countrys-weakness/

Link #12: https://kootutteokset.chydenius.fi/en/kirjoituksia/rikets-hjalp/

Link #13: https://kootutteokset.chydenius.fi/sv/kirjoitukset/bilaga-horsamt-memorial/

Link #14: https://kootutteokset.chydenius.fi/sv/kirjoitukset/bilaga-odmjukt-memorial/

PERSONENREGISTER

Rose, Leonard de la 177
Rousseau, Jean-Jacques 138n1
Rosenstein, Nils von 179, 181,
  182n1
Runeberg, Edvard Fredric 16
Runeberg, Efraim Otto 16, 76n1,
  107n1

Salander, Eric 107n1
Salvius, Lars 16, 29, 91
Schauman, Georg 59
Scheffers, Carl Fredrik 68n2
Selgin, George 71n1
Seneca 185n1

Smith, Adam 7, 11-2, 15, 18, 28,
  32n1, 60, 87, 95n2, 132n1
Stenhagen, Per 16
Swedenborg, Emanuel 16, 107n1

Tiberius Gracchus 30n2
Tucker, Josiah 18
Turgot, Anne Robert Jacques
  54n2

Uhr, Carl G. 15

Verginia 30n3
Voltaire 17, 32n1

SACHREGISTER

MICHAEL VON PROLLIUS
in der edition g.

Ein liberales Manifest
Sieben Prinzipien und einige Klarstellungen
136 Seiten · edition g. 124
ISBN 978-3-7534-5770-3

Attack Titans
Mut zur Freiheit
312 Seiten · edition g. 128
ISBN 978-3-7448-3873-3

Wirtschaftsfaschismus
Extremer Etatismus in Aktion
206 Seiten · edition g. 131
ISBN 978-3-7583-3094-0

gemeinsam mit Stefan Blankertz
Bakunin und Mises in eine Front!?
Die Vincent-Sessions
194 Seiten · edition g. 126
ISBN 978-3-7568-4215-5

editiongpunkt.de